C000260584

ISBN 978-0-364-89109-4
PIBN 11270194

FB &c Ltd, Dalton House, 60 Windsor Avenue, London, SW19 2RR.
Company number 08720141. Registered in England and Wales.

For support please visit www.forgottenbooks.com

KASSYA

OPÉRA EN CINQ ACTES

POÈME DE MM.

HENRI MEILHAC ET PHILIPPE GILLE

(d'après SACHER-MASOCH)

Musique de

LÉO DELIBES

Représenté pour la première fois, sur la scène du Théâtre National de l'Opéra-Comique, en 1893,

SOUS LA DIRECTION DE M. LÉON CARVALHO.

M. J. DANBE, chef d'orchestre.

M EMILE BOURGEOIS, chef du chant — M. CARRE, chef des chœurs

Décors de MM CARPEZAT, RUBE et CHAPERON — Costumes de M. TH. THOMAS.

DISTRIBUTION

KASSYA, bohémienne tzigane, 20 ans, soprano	Mmes	DE NUOVINA.
SONIA, paysanne, 18 ans, soprano		SIMONNET.
UNE BOHÉMIENNE, diseuse de bonne aventure, mezzo-soprano.		ELVEN.
CYRILLE, jeune paysan, 25 ans, ténor.	MM.	GIBERT.
LE COMTE DE ZEVALE, 30 ans, baryton.		SOULACROIX.
KOSTSKA, vieux paysan, père de Cyrille, basse		LORRAIN.
KOLENATI, intendant du comte, baryton, 40 ans. . . .		CHALLET.
MOCHKOU, aubergiste		BERNAERT.
UN SERGENT RECRUTEUR		ARTUS.
UN BUVEUR		TROY.
PAYSANNE (soprano).	Mlles	ROBERT.
PAYSANNE (contralto)		DELORN.

Paysans, Paysannes, Buveurs, Mages et Bergers, Marchands juifs, Soldats, Messagers, Seigneurs et Dames, Musiciens tziganes, Danseuses, Bohémiennes.

La scène se passe en Galicie.

1er ACTE — **Une place publique du village de Zevale.**
2e ACTE — **Une salle dans le château du comte de Zevale.**
3e ACTE — **La lisière d'une forêt.**
4e ACTE — **Une grande salle du château de Zevale.**
5e ACTE — **La cabane de Kostska.**

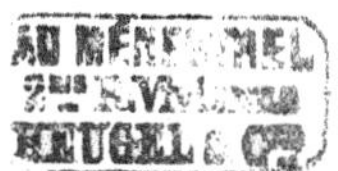

TABLE

IMPRIMERIE CHAIX, RUE BERGÈRE, 20, PARIS. — 3298-2-93. — (Encre Lorilleux)

ACTE I.

UNE PLACE PUBLIQUE DU VILLAGE DE ZEVALE, EN GALICIE.

A droite, l'entrée d'une auberge; devant l'auberge, une petite cour entourée d'une haie qui redescend jusqu'au 2ème plan, presque au milieu de la scène, entre la haie et l'auberge, tables et bancs pour les buveurs — A gauche, la maison de CYRILLE, en perspective, quelques maisons de paysans couvertes en tuiles de bois Au fond, se dessine, dans le lointain, la silhouette des Carpathes.

N°1.

CHOEUR et SCÈNE D'INTRODUCTION.

18.

tr
tr
BUVEURS
Ténors. (à l'aubergiste)
f
Ver-se-nous, à pleines ra-sa-des, Encore un coup de bran-de-vin;
Basses. UN BUVEUR avec les Basses.
f
Ver-se-nous, à pleines ra-sa-des, Encore un coup de bran-de-vin;
f
T.
Lais-se-là tes jé-rémi-a-des, Et verse-nous du bran-de-vin.
B.
Lais-se-là tes jé-rémi-a-des, Et verse-nous du bran-de-vin.

T.
B.
mf
poco rit.
a Tempo.
Vieux mangeur de pain sans le_vain, Encore un coup de brande_vin, un coup de brande_vin!
Al_lons!
Encore un coup de brande_vin, un coup de brande_vin!
p
f
sf
tr

_UN BUVEUR
mf
_A plein ver _ re il faut boi _ re, Il faut boi_re, C'est cer_tain;
p
un B.
Pour chasser l'humeur noi _ re, Du_ soir_ au ma_tin.
BUVEURS.
Ténors.
f
A plein ver _ _ re il faut boi _ _ re, Il faut boi _ re,
Basses. UN BUVEUR avec les Basses.
f
A plein ver _ _ re il faut boi _ _ re, Il faut boi _ re,
f
T.
C'est cer_tain, Il faut boi _ re, Toujours boi _ re, Du_ soir_
B.
C'est cer_tain, Il faut boi _ re, Toujours boi _ re, Du_ soir_

T.
B.
au ma_tin.
Ver_ se-nous, à_ plei_nes rasa_des, En_core un coup de
bran_de_vin;
Lais_se_là tes_ jé_rémi_a_des, Et verse-nous du
bran_de_vin!
MOCKOU
(frappant de leurs verres sur la table)
Holà! Holà! du vin!
_Des
f
ff
p

M.
cris! Du bruit! C'est tou-te la mon-nai-
M.
-e Dont on me pai- - - -e!
—UN BUVEUR
—Eh!
mf
un B.
mais, par le ciel! Tu fais la gri-ma- -ce, En-
—MOCKOU
—Je crois qu'à vo-tre
un B.
-fant d'Is-ra-ël!
p

M.
pla _ _ ce,
Je fe_rais bien moins de fra _ cas Et que je
par_lerais plus bas.
_UN BUVEUR.
Je sais que vous
_Comment? co_quin!
mf
ê _tes Des ban_dits...
(se reprenant).
hon _ nê _ _ _ tes!
Mais je sais ce que je dis:
Vous ê _tes des ban_
p
mf

(Mouvement du Chœur _ Le Chef fait signe aux autres d'écouter)
M.
_dits!
La nuit der _ niè _ _ _
f>p
_re Vous a _ vez ___ vo _ lé des che _ vaux, ___
(riant).
Ténors.
BUVEURS.
Ah!
Basses._UN BUVEUR avec les Basses.
(riant).
Ah! ah!
Mis le feu chez O _ brock et pil _ lé sa chau_miè _ re!
T.
ah!
C'est
B.
C'est

M.
Puis - que j'ai vu moi - mê - - me!
— UN BUVEUR.
C'est faux! — Al-
T.
faux!
C'est faux!
B.
faux!
C'est faux!
cre - - scen - - do -
un B.
-lons, fa - ce blê - - - - me,
Ver - - - se!
tr
f
BUVEURS.
Ténors.
Ver - se-nous, à — plei - nes rasa - des, En - core un coup de bran - de - vin;
Basses. UN BUVEUR avec les Basses.
Ver - se-nous, à — plei - nes rasa - des, En - core un coup de bran - de - vin;
ff

T.
Lais - se — là tes jé - ré-mi-a - des, Et ver-se-nous du
B.
Lais - se — là tes jé - ré-mi-a - des, Et ver-se-nous du
T.
mf
bran - de - vin. Vieux — man - geur — de pain sans le -
B.
mf
bran - de - vin. Vieux — man - geur — de pain sans le -
mf
tr
tr
tr
T.
p poco rit
a Tempo
- vain. En-core un coup de bran-de - vin, un — coup de bran-de -
B.
p
- vain. En-core un coup de bran-de - vin, un — coup de bran-de -
poco rit
a Tempo
f p

T.
B.
mf
_vin.
Al_lons!
_vin.
Al_lons!
tr
p poco rit.
a Tempo.
En_core un coup de bran_de_vin, un coup de brande_
En_core un coup de bran_de_vin, un coup de brande_
poco rit.
a Tempo.
f
p
ff
_vin, du vin!
_vin, du vin!
_MOCKOU Récit
_Si_len_ce, cette
Récit.

Mesuré
M.
fois! Si_lence! Voi_ci tout le vil_la_ge Qui
Mesuré.
vient de ce cô_té. S'il est un cri_mi_nel Parmi vous, je l'en_
sf
p
_ga_ge A...
Ténors.
p
BUVEURS.
(à part) C'est vrai, par le ciel!
Basses._UN BUVEUR
(à part) C'est vrai, par le ciel!
Ben moderato. (84=♩)
_MOCKOU (en riant)
Ben moderato.
_Ne craignez rien!..

M.
C'est pour Cyril - - le. On vient le com-pli-men-
mf
M.
-ter D'a-voir, par son cou-ra - ge, Su mâ-ter Des gredins....
BUVEURS
Ténors (à demi-voix).
UN BUVEUR. Imbé-ci - le! C'est bon!
Basses (à demi-voix).
Imbé-ci - le! C'est bon!
T.
p
Nous le retrouve-rons Et puis, à notre tour, le complimente-
B.
p
Nous le retrouve-rons Et puis, à notre tour, le complimente-

PAYSANS
Sopr.
p
Cy - rille, ouvre ta por - te, Cy - rille, on vient te
Ténors.
p
Cy - rille, ouvre ta por - te, Cy - rille, on vient te
Basses.
p
Cy - rille, ouvre ta por - te, Cy - rille, on vient te
- rons!
- rons!
qu'on t'ap - por - te,
voir. Pour la nouvel - le qu'on t'appor - te, Hâ - te - toi de
voir. Pour la nouvel - le qu'on t'appor - te, Hâ - te - toi de
voir. Pour la nouvel - le qu'on t'appor - te, Hâ - te - toi de

S.
nous recevoir. Cy - rille, ouvre ta por - te, Cy - rille, on vient te
T.
nous recevoir. Cy - rille, ouvre ta por - te, Cy - rille, on vient te
B.
nous recevoir. Cy - rille, ouvre ta por - te, Cy - rille, on vient te
p
qu'on t'ap - por - te,
S.
voir. Pour la nouvel - le qu'on t'ap - por - te,
T.
voir. Pour la nouvel - le qu'on t'ap - por - te,
B.
voir. Pour la nouvel - le qu'on t'ap - por - te,
Même mouv!
(le temps a la même valeur).
S.
Hâ - te - toi de nous re - ce - voir!
T.
Hâ - te - toi de nous re - ce - voir!
B.
Hâ - te - toi de nous re - ce - voir!
Même mouv!
3
3
3

_CYRILLE (entrant)
_Eh! quoi, mon pè - re, et vous, les anciens du vil-
sost.
_SONIA
p
_Ils sont ve - nus vers toi Pour rendre homma - ge A ton bon
C.
- la - ge!
_KOTSKA.
p
Ils sont ve - nus vers toi Pour rendre homma - ge A ton
p
p
S.
coeur,___ à ton cou - ra - ge.
C.
Pourquoi? J'ai défen-
K.
coeur, ô mon fils, à ton cou - ra - ge.
mf

C.

- du le fai - ble qu'on ou - tra - ge. Ce que j'ai fait, ___ chacun de

(sans rigueur.) a Tempo.

nous ___ l'aurait fait comme moi.

Sop.

PAYSANS.

Ténors.

Basses.

p

Tu t'es fait notre défen-

a Tempo.

suivez.

p

f

sf

S. T. B.

mf

Tu t'es dres - sé comme un ven - geur, ___

- seur, ___

p

Nous sau -

Nous sau -

Nous sau -

f

S.
T.
B.
dim.
-rons te prou - ver no - tre re - con - nais - san - - - - -
-rons te prou - ver no - tre re - con - nais - san - - - - -
-rons te prou - ver re - con - nais - san - - - -
p
- ce.
- ce.
- ce.
(Les anciens du village s'approchent de Cyrille)
mf
Au jour qu'il te plai -
f
- ra, fi - xe ta récom - pen - - - se;

S.
T.
B.
Nous, anciens du pa - ys, serviteurs de la loi, Nous te l'accorde - rons; Cy - ril - le, souviens - toi! Cy - ril - le, souviens - toi!
A ta voix, ô Cy - ril - le, Aus - si - tôt nous vien -
A ta voix, ô Cy - ril - le,

_SONIA
Oui, tous d'un cœur do _ ci _ le, A ta voix
_MOCKOU.
Oui, tous d'un cœur do _ ci _ le, A ta voix
_UN BUVEUR
(à part)
J'en ris, ma
S.
_drons.
Oui, tous d'un cœur do _ ci _ le, A ta voix
T.
Aus_si_tôt nous vien_drons. Oui, tous d'un cœur do _ ci _ le, A ta voix
B.
Oui, tous d'un cœur do _ ci _ le, A ta voix
Ténors.
(à part)
J'en ris, ma
BUVEURS
Basses
(à part)
J'en ris, ma

S.
nous viendrons. Souviens-toi!
CYRILLE.
Ah! L'honneur fa - ci - le Qui vient à moi!
M.
nous viendrons. Souviens-toi!
KOTSKA.
Ah! Mon cœur, Cy - ril - le, Est fier de toi,
un B.
foi! Ha! Ha! Ha!
S.
nous viendrons. Souviens-toi!
T.
nous viendrons. Souviens-toi!
B.
nous viendrons. Souviens-toi!
T.
foi! Ha! Ha! Ha!
B.
foi! Ha! Ha! Ha!

1º Tempo Allegretto
S.
Sou_viens - toi!
C.
Et pour _ quoi?
M.
Sou_viens - toi!
K.
fier de toi!
un B.
(se moquant)
Ah! Ah! Re_gardez donc cet air vain_
S.
Sou_viens - toi!
T.
Sou_viens - toi!
B.
Sou_viens - toi!
T.
(se moquant)
Ah! Ah! Re_gardez donc cet air vain_
B.
(se moquant)
Ah! Ah! Re_gardez donc cet air vain_
1º Tempo Allegretto
pp
mf

_SUNIA (s'adressant à Cyrille)
A mon
un B.
_queur!
T.
_queur, C'est un sei _ gneur!
B.
_queur, C'est un sei _ gneur!
S.
tour, mainte _ nant. É _ cou _ te - moi. C'est ce
_CYRILLE
Cou _ si _ ne?
p
S.
soir La fê _ te des Ma _ _ ges. Prosternés vers toi Ils

S.
vont t'ap_por _ ter leurs hom_ma _ ges. Tu se_ras Roi!
C.
Qui? Moi?
_SONIA
c. esc
Il faut___ o_bé_ir à l'u _ sa _ _ ge. Tu se_ras
pp
p
cresc.
tr
S.
Roi!___
Ténors.
(à part)
p
Ah! Ah! Ah! Le bel a_van _ ta_ge!
BUVEURS.
Basses.
(à part)
p
Ah! Ah! Ah! Le bel a_van _ ta_ge!
tr
f
p

CYRILLE
PAYSANNES. Sop.
Tu se-ras Roi!
Il faut o-bé-ir à l'u-sa-ge.
cresc.
C.
Ténors.
BUVEURS.
Basses.
Ah! Ah! Ah! Le bel a-van-ta-ge!
PAYSANS
Sop. (en s'éloignant)
1º Tempo moderato.
A ce soir, ô Cy-ril-le, à ce soir, nous vien-
Ténors.
(en s'éloignant)
Tu seras Roi!
A ta voix nous viendrons.
Basses.

1° Tempo Allegretto
_CYRILLE
A ce soir.
_drons.
p
A ta voix nous vien_drons
1° Tempo Allegretto.
p
Ténors.
pp
Au re_voir!
BUVEURS.
Basses.
pp
Au re_voir!
pp

RÉCIT A.

Moderato
SONIA
CYRILLE.
KOTSKA.
(à Cyrille)
C'est bien! mais sois prudent. Le seigneur du pa-
Moderato.
PIANO
p
CYRILLE
Je sau-rai me défen-dre. On dit — qu'il est un
Ko.
-ys Protè-ge ces vauriens.
mf
dim.
p
(troublé)
C.
Dieu... Qui?..
Ko.
Pour les cœurs bien é - pris. C'est toi qui l'aurais dit..
p
f

C.
Moi? Mais je ri - ais, en vé-ri-té!
(d'un air de doute)
K.
J'ai cru com - pren-dre. Vrai - ment?
SONIA.
Ah! laissons-le tran-quil - le, Venez!.. nous allons, cher Cyril - le, prépa - rer les habits de votre Ma-jes-té!..
(en souriant)
(Ils entrent dans la maison)
S.

N° 2

RÉCIT DE CYRILLE.

poco cresc.
C.
dans les aul - nai - - - es. A la li - siè - re du grand
bois, El - le cou - rait au bord des haies, En cherchant, au tra -
- vers, Les fruits ai - gres et verts. C'é - tait là -
(avec élan)
sfz
bas, dans les aul - nai - - - es!
dim.
p
dim.

CYRILLE.
Je n'a-vais pas cher-ché A la voir; — mais, par fai-
-bles-se, Je re-gar-dais, ca-ché, — S'é-gay-er sa jeu-
-nes-se. Tout à coup, c'est un cri per-
-çant! Une é-pi-ne cru-elle A-vait pi-qué son pied jusques au sang. —
cresc
sfz
f
dim.

C.
Je m'a_vançai vers el_le.... El_le ta_rit ses
espressivo
pleurs à ce moment, Et me ten_dit son pied in_gé_nument.
pp
très expressif.
Et je me vois encore, au bord de ce che_min,
Poco rall.
très doux.
a Tempo.
Ce pe_tit pied blanc dans la main, Et les oiseaux chan_
Poco rall.

C.
-taient, chan - taient au fond des hai - - es!
cresc.
f
C'é - tait là - bas, dans les aul - nai - - es!
mf
mf
f
p
mf
De - puis ce jour, Son sou - ve - nir est là! Par -
cresc.
- tout, je dis le nom de Kas - sy - a, le nom de Kassy -
dim.
p
suivez.

148.

Un peu plus animé.
cresc
C.
- a! A quoi bon tous ces strata - gè - mes! Va! mon pauvre Cy -
Un peu plus animé.
cresc.
- ril - le, Va, C'en est fait! Ah! c'en est
f
suivez.
fait, tu l'ai - mes!
f
dim.
p
dim.
1º Tempo.
p
C'é - tait là - bas, dans les aul - nai - - - es!
1º Tempo.
p
pp
Enchaînez.

Nº 3

DUO.

LA RENCONTRE.

L. et Cie
7145.

C.
_clat Des yeux d'un petit chat! El_le se prit à rire
rall.
p a Tempo.
Et se sauva! On a beau dire, On ne peut oubli_er des yeux comme ceux-
p
_là! Ciel! Derrière la hai_e... Encor ce re_gard que j'ai vu!..
f
KASSYA (se démasquant, avec coquetterie)
Qui t'ef_frai_e? Je m'en vais.
Kassy_a!..
p

C.
Qui cherchais-tu?
Réponds!
cresc.
p
KASSYA
Que voulez-vous que je ré - pon - de?
Je regar_dais tout simple -
Ka.
- ment!..
Le che - min est à tout le mon - de!
p
Ka.
Mais, si vous vou_lez qu'à l'instant Je vous é - vi_te ma présen_ce,
mf
Ka.
Di_tes un mot et je m'en vais! Ex_cu -
p

Ka.
_sez, si je vous of_fen_ _se; Mais je croy_
Ka.
_ais L'air du ciel, la fo_rêt pro_fon_ _ _de,
(s'éloignant, en riant)
Ka.
Et le che_min à tout le mon_ _ _de! Adieu, Cy_
Ka.
_ril_le!
(railleuse)
Il me sem_
_CYRILLE
Encore un mot!
f
sfz
p

Ka.
_blait, pourtant, Que vous m'a_viez trouvé _ e Moins in_dis _ crè _ te, l'autre
(baissant les yeux)
jour. De _ mandez-moi plu_
_CYRILLE.
Tu t'es sau _ vé _ e! Pour_quoi?
_tôt Pour _ quoi me voi _ là re_ve _ nu _ _ e!
Un peu plus animé (66=♩.)
_CYRILLE (avec une émotion contenue)
Quel_le voix in_con _ nue A par_lé dans mon cœur,
Un peu plus animé.
Ped.

sans rigueur.
a Tempo.
C.
Et quel charme vain - queur Tout à coup se ré - vè - - le!
sfz
suivez.
a Tempo.
_KASSYA (à part)
Je le sens, à ma vue, A tres_sail_li son cœur,
p
mf
Ka.
Et son trouble, ô bon - heur, Mal_gré lui se ré - vè - le!
Ka.
Je le sens, à ma vue, A tres - sail - li son
_CYRILLE.
Quel - le voix in - con - nue A par - lé dans mon
p

en élargissant
a Tempo.
Ka.
cœur, Il se trouble, ô bon - heur!
C.
cœur, Et quel charme vain - queur Tout à coup se ré -
en élargissant.
a Tempo.
sfz
Ka.
Et si ma voix l'ap - pelle Il re - vien - dra fi - dè - - le,
C.
- vè - - - - le! C'est mon cœur qui l'ap - pel - - le,
dim.
molto rall.
Ka.
Heu - reux de re - ve - nir!
C.
Je ne peux pas la fuir!
molto rall.

Même mouvt
Tu res - - tes, C'est qu'a - lors tu veux
Même mouvt
bien que je t'ai - me!
KASSYA
Est-ce qu'on peut m'ai - mer?
Rien qu'en me regardant moi - mê - me, Je vois que
je ne puis char - mer...
(avec coquetterie)
Dans ma mi -
CYRILLE.
Pourquoi?

Ka.
-sè - re
Je ne suis qu'un é-pou-van-tail..
(vivement)
Je n'ai pas mê - me...
un col-lier de co - rail!
tr
mf
Et, sans ce - la, comment pen-ser à plai - - -
p
-re?
Oh! non!
CYRILLE.
Am-bi - ti - eu - se!

Ka.
Mais je suis fem - me, Et, pour être admi -
Ka.
- ré - e, Je sais qu'il faut ê - tre pa -
Ka.
- ré - e... Oh! je me tais, par - don....
CYRILLE.
(plus pressant)
Co - quette! Eh!
cresc.
dim.
C.
bien, ce soir, à la fê - te des
p

C.
Ma - ges, Si tu veux m'ai - mer, tu vien -
KASSYA.
Vous ai - mer!... Mais les fil - les sa -
C.
- dras!
p
sfz
Ka.
- ges, Dans ce cas, ne ré - pondent pas.
Poco rall.
Poco rall.
cresc.
dim.
a Tempo.
Ka.
Je l'en - tends,
CYRILLE. (à part.)
Quel - le voix in - con - nue A par - lé dans mon cœur,
a Tempo.
p

sans rigueur
a Tempo
Ka.
O bon - heur, Sa voix m'ap - pel - - le!
C.
Et quel char - me vain - queur Tout à coup se ré - vè - - le!
a Tempo.
sfz
suivez.
p
(à part)
Je le sens, à ma vue A tressail - li son cœur,
Kas - sy - a! Hé -
p
mf
Et son trouble, ô bon - heur, Mal - gré lui se ré - vè - le!
- las! En vain, je veux te fuir!

Ka.
Je le sens; à ma vue, A tressail_li son cœur, Il se trouble, ô bon_
C.
Quel le voix in_con_nue A par_lé dans mon cœur,
p
en élargissant.
a Tempo.
_heur!
Et si ma voix l'ap_
Et quel charme vain_queur Tout à coup se ré_vè_le!
a Tempo.
en élargissant.
dim.
molto rall.
_pelle, Il re_vien_dra fi_dè_le,
Heureux de re_ve_
C'est mon cœur qui l'ap_pel_le,
Je ne peux pas la
molto rall.

Même mouvt
Ka.
_nir!
(avec passion)
C.
fuir! Je t'en sup_pli _ e, viens ce soir, Kassy_a.
Même mouvt
mf
1º Tempo.
(sans lui répondre)
Le beau seigneur, Aussi,
1º Tempo.
pp
m'a pro_mis des col _ liers...
Ah! Quelle in_fa_mi _ e!
ff

_KASSYA
Je l'ai bien trai_té, sur l'honneur!
Car si ja_mais,
p
Ka.
prenant un maî - - - tre,
Kassy_a fi_nis_sait
Par ai_
Ka.
_mer,
Ce se_rait peut-ê_tre...
CYRILLE (anxieux)
Ce se_rait?...
pp
_KASSYA.
(souriant et se sauvant)
Bah!
qui sait?
p
f

RÉCIT B.

CYRILLE
Ciel! l'Inten_dant du comte de Zewa_le!
(en riant)
KOLENATI
Bravo! Je
PIANO.
f
Ko.
viens te par_ler de sa part. La dé_marche est toute a_mi_ca_le.
CYRILLE.
Par quel ha_sard? Il est le pro_tec_teur
tr
p
più f
C.
de tous nos en_ne_mis, Des mal_fai_teurs de ce pa_ys!
f
p

(avec hauteur)
C.
Je crois compren_dre.
(confidentiellement)
Ko.
Ah! quels gros mots! On peut s'en_ten_dre
f
p
tr
Le comte a peur de l'Empe_reur Et veut compter sur nous?
Peut-
cresc
f
tr
L'Empereur est seul maî_tre!
-ê_tre!
Ah! bah! l'Autriche est

Cie
B.

C.
Je n'ai besoin De person - ne!
Ko.
loin Et le seigneur est près...
p
Ko.
Hé! suppose U_ne pe_ti_te chose: Le com - te serait amoureux De
Ko
celle à qui tu ferais les doux yeux... É_tant de tes a -
Ko.
_mis, il aurait la clémen - ce De renon - cer... Tu m'as com_pris, je
f

(1) Au théâtre on joue deux fois les deux mesures d'accompagnement qui suivent, les paroles: *Voici la fête* ne commençant qu'à la fin de la 2e mesure. Voir la partition d'orchestre.

Nº 4

SCÈNE ET MÉLODIE.

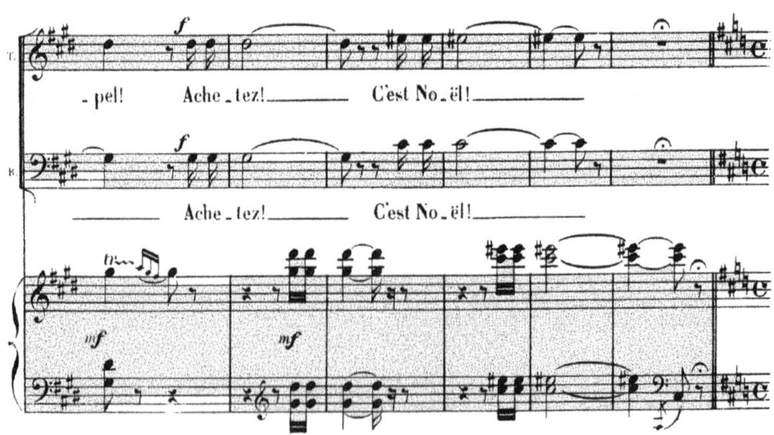

Moderato
_SONIA (accourant)
Entends-tu les marchands? Viens vi _ te, il te faut ta cou_ron _ ne
Moderato.
p
S.
Et ton manteau de roi.
_CYRILLE
Chère et bonne So_ni _ a, je t'en_
S.
Pour_quoi cet air sé _ vè _ re? Faut-il donc un front souci _
C.
_tends!

_eux Quand on est sou_ve_rain?
Et, tu n'as pu le tai_re,
Andante.
Quand on est ___ a_mou_reux!
_CYRILLE.
Fo_li_e!.. et
Andante.
p
(souriant)
Faut-il chercher?__
(brusquement)
qui veux-tu que j'ai_me
Je ne sais pas moi mê_me,
più p
Non! non!..
(Mouvement de Sonia)
Ne cherche pas!.. Tu pâ_lis!..
Mais que croyais-tu
fp

(embarrassée)
S.
C.
Moi? rien... je plaisantais... C'était pour ri - re.
donc?
(simplement)
Et je n'avais rien à te di - re! Pardonne-moi, je ne sais pas! —
(avec sentiment)
Mais je croyais — Que, lorsqu'on ai - me, Le dé - sir su -
- prê - me C'était de le re - dire ou tout haut, ou bien bas. Je cro -

S.
-yais à des mots, des fiè - vres, A des aveux pleins d'embar -
p
(tristement)
S.
-ras Qui montent du cœur à nos lè - - - vres. Par -
S.
-don-ne-moi, je ne sais pas, je ne sais pas.
espressivo
CYRILLE
Ah! pauvre So - ni - a, Laisse-moi, chère en -
3
3
f
mf
dim.

SONIA
Moi, je croyais, c'é_tait fo_li_e!
C.
_fant!
p
p
p
S.
Que, dans cet_te vi_e, Le cœur qui sait ai_mer é_tait plus con_fi_
S.
_ant, Ré_pé_tant un nom, doux mys_tè_re. Le seul
rall.
S.
qu'il au_rait vou_lu tai_re. Oui, je cro_yais,.. Quel rê_ve, hé_
suivez.

a Tempo.
S.
las! Par donne-moi, je ne sais pas,
a Tempo.
p
poco rall.
je ne sais pas.
poco rall.
p
VARIANTE.
Par_don_ne - moi je ne sais pas.
Par _ don!
_CYRILLE.
Ou_bli_ons tout ce _ la.

N° 4bis

CHŒUR DES MARCHANDS.

t Cie
43.

C.
-chands! —
T.
mf
Ve - nez, ve -
(Les marchands entrent suivis de paysans et de paysannes)
B.
mf
Ve - nez, ve -
f
dim.
p
-nez, Ve - nez à notre ap - pel. — Accou - rez, accou -
-nez, Ve - nez à notre ap - pel. — Accou - rez, accou -
f
p
-rez, — c'est No - ël! — A - che - tez, — a - che -
-rez, — c'est No - ël! — A - che - tez, — a - che -
f
p
5

T.
_tez,___ c'est Noël!___ Ad_mi_rez, voi_ci des i_ma_ges,
B.
_tez,___ c'est No_ël!___ Ad_mi_rez, voi_ci des i_ma_ges,
Et des sceptres en bois doré.___ J'ai de grands bâ_tons pour les ma_ges,
Et des sceptres en bois doré.___ J'ai de grands bâ_tons pour les ma_ges,
Le prix en est très modéré!___ Ve_nez, ve_
Le prix en est très modéré!___ Ve_nez, ve_

T.
B.
-nez, accou - rez, c'est No - ël! A - che -
-nez, accou - rez, c'est No - ël! A - che -
f
p
5
-tez, a - che - tez, c'est No - ël! Ve - nez, ad-mi -
-tez, a - che - tez, c'est No - ël! Ve - nez, ad-mi -
-rez, choisis - sez, c'est No - ël!
-rez, choisis - sez, c'est No - ël!
sfz
p

UN MARCHAND.
Choisis-
CYRILLE
Soit! je prends ce man-teau.
un M.
-sez!
C.
C'est bon! don-ne!
UN AUTRE MARCHAND.
Cet-te cou-ron-ne?
SONIA
Il faut te pré-pa-
(a part)
C.
El- - - le n'est pas ve-nu-e.

S.
rer. Il faut te pré_pa _ rer.
Sop. LES JEUNES FILLES.
Il faut te pré_pa _ rer.
LES PAYSANS.
Tén.
Mais va donc te pa _ rer. Il
Basses
Mais va donc te pa _ rer. Il
mf
mf
f
dans sa maison, reconduit
par Sonia et quelques gens du village)
Mais va donc te pa _ rer!
Mais va donc, mais va donc te pa _ rer!
faut te prépa _ rer, Mais va donc te pa _ rer!
faut te prépa _ rer, Mais va donc te pa _ rer!
Ten. MARCHANDS.
Ve _ nez, ve _
Basses.
Ve _ nez, ve _
p
cresc.
tr

T.
_nez, Aceon_rez,_ c'est No_ël! A_che_
B.
_nez, Aceon_rez,_ c'est No_ël! A_che_
tr
tr
f
p
T.
tez, a_che_tez,_ c'est No_ël! Ve_nez!
B.
tez, a_che_tez,_ c'est No_ël! Ve_nez!
T.
B.
pp
Enchaînez

Nº 5

FINAL.

LA BOHÉMIENNE_LA FÊTE DES MAGES_MAZURKA.

KASSYA
Mais c'est ce soir la fê - te,
LA BOHÉMIENNE.
Te voi - là, Kassy - a?
Ka.
Et je viens pour le bal, puisque l'on danse - ra.
SONIA.
Mer - ci.
LA BOHÉMIENNE. (à Sonia)
A - che - tez pour vo - tre toi - let - te ..
LA BOHÉMIENNE.
Mieux que ce - la! Si je vous di - sais, moi, votre bonne a - ven -

KASSYA
Oui!
la B.
tu - - re?..
Je la vois dé -
pp
mf
Ka.
A moi, d'a - bord!
la B.
jà, là;
sur vo-tre fi - gu - re
Sop. LES JEUNES FILLES.
f
Non! non!
f
LA BOHÉMIENNE.
Laissez par - ler le sort...
S.
non!
sfz
mf
p

Sop.
p
Moderato (sans lenteur) 88 = ♩
E_cou _ tons.
Moderato (sans lenteur)
p
p
_ LA BOHÉMIENNE (prenant la main de Kassya)
C'est l'a_ve _ nir qui
la B.
s'ou _ _ vre!..
Ta pauvre _ té
se dore aux ray _ ons du so_leil.

la B.
Un palais appa - raît — à
l'ho - ri - zon ver - meil. —
C'est
comme un pa - ra - dis qui, là - bas, se dé - cou - vre!
On s'in - cli - ne vers toi, — par - tout! —

La B.
Li - bre d'u - ne chaîne im - por -
p
La B.
- tu - ne, Tu vou - lais hon - neur et for -
La B.
- tu - ne. Tu les au - ras!
cresc.
KASSYA
Et puis?
La B.
C'est
sf
sfz
p

tout!
1rs Sop. JEUNES FILLES.
p
Ah! la singu - liè - re, L'étrange sor-
2ds Sop.
p
Ah! la singu - liè - re, L'étrange sor-
legg
-ciè - re, Bien sûr, tout son art N'est que du ha - sard!
-ciè - re, Bien sûr, tout son art N'est que du ha - sard!
L'étrange sor - ciè - re. Bien sûr, tout son art N'est que du ha -
L'étrange sor - ciè - re. Bien sûr, tout son art N'est que du ha -

1º S.
_sard!
2º S.
_sard!
8
f
p
_LA BOHÉMIENNE
(prenant la main de Sonia)
Dans un au_tre pa_ys mon re_
la B.
_gard se pro_mè_ _ne.
J'y vois,
la B.
dans le loin_tain, fu _ mer un hum_ble toit.

la B.
Au seuil de la mai - son, le lo-gis est é - troit; Le bon - heur s'est as-sis di - sant: c'est mon do - mai - ne. Tu viens, et lui t'ap-pel - le et te sou - rit:
pp
p
En - trez, la vo-ya - geu - se!

la B.
Toi, tu n'as vou - lu qu'être heu - reu - se,
SONIA
Et
Tu le se - ras!
S.
puis?
p
C'est tout!
pp
rall.
1rs Sop. JEUNES FILLES.
pp
Ah! la singu - liè - re, L'étrange sor - ciè - re!
2ds Sop.
Ah! la singu - liè - re, L'étrange sor - ciè - re!

Allegro.
(de même)
Vite, à moi!
à moi! à
(à la Bohémienne)
Allegro. A moi!
à moi! à
UNE JEUNE FILLE (remontant vers le fond)
Les voi_là!
voi_là les Ma_ _ _ ges, les Ber_
moi!
moi!
marcato.
_gers!
Sop. PAYSANNES.
Voi_là les Ma_ _ _ ges, les Ber_gers!
Ten.
Ho_là!
Basses.
Ho_
cre _ _ scen _ _ do.

LA JEUNE FILLE avec les 1rs Sop.
par i_ci! les voi_là voi_là les Ber_
par i_ci! Voi_ci les Ma_ges! voi_là les Ber_
_là! les voi_là! Voi_ci les Ma_ges! voi_là les Ber_
(La Bohémienne s'éloigne)
Moderato. 88 =
_gers!
_gers!
_gers!
Moderato.
8 Enfants, Mezzo-Sop. MAGES et BERGERS.
La nuit est ve_nu_e Et, vers l'O_ri_ent, L'é_toile in_con_nu_e
6 Ténors.
La nuit est ve_nu_e Et, vers l'O_ri_ent, L'é_toile in_con_nu_e

M. S.
Luit au fir_ma_ment.___ A tra_vers la nu_e, Cet as_tre bril_
T.
Luit au fir_ma_ment.___ A tra_vers la nu_e, Cet as_tre bril_
M. S.
_lant Nous___ gui_de vers vous.___ La nuit est ve_nu_e Et, vers l'O_ri_
T
_lant Nous___ gui_de vers vous.___ La nuit est ve_nu_e Et, vers l'O_ri_
M. S.
_ent,___ Cet as_tre bril_lant Nous con_duit vers vous.___
T.
_ent,___ Cet as_tre bril_lant Nous con_duit vers vous.___

PAYSANNES.
S.
Voy - ez comme ils sont pa-rés!
T.
PAYSANS.
B.
Voilà You-sef, le roi Mau - re!
Yahn marche à pas mesu-
-rés.
Mais, il en faut un en - co - re! C'est Cy - ril - le.

8 Mezzo-Sop.
avec les Sop.
La nuit est ve - nu - e, Et, vers l'O-ri - ent,
MAGES ET BERGERS.
6 Ténors.
avec les Ténors.
La nuit est ve - nu - e, Et, vers l'O-ri - ent,
S.
La nuit est ve - nu - e, Et, vers l'O-ri - ent,
(Cyrille paraît sous le costume d'un Roi Mage.)
T.
Le voi - là! La nuit est ve - nu - e, Et, vers l'O-ri - ent,
B.
Le voi - là! La nuit est ve - nu - e, Et, vers l'O-ri - ent,
S.
L'é-toile incon - nu - e Luit au fir-ma - ment. Cet as-tre bril-
T.
L'é-toile incon - nu - e Luit au fir-ma - ment. Cet as-tre bril-
B.
L'é-toile incon - nu - e Luit au fir-ma - ment. Cet as-tre bril-

Moderato.

S. _lant Nous con_duit vers vous.

T. _lant Nous con_duit vers vous.

B. _lant Nous con_duit vers vous.

ppp

Moderato. ff

_CYRILLE.

Bon_soir, ô Rois, mes frè _ res, Qu'i _ ci conduit le

p

C. ciel! Bonsoir aux Rois de la No _ ël!

f

Sop. Vi _ vent les

f

Ténors. Vi _ vent les

Basses. _KOTSKA avec les Basses.

f

Vi _ vent les

mf

f

S.
Rois de la No - ël!
_LES MAGES.
T.
Rois de la No - ël! Et,
B.
Rois de la No - ël!
(à Cyrille)
main_te_nant, sui_vant l'u - sa - - - ge, Choi_
_SONIA. (à part)
Pourquoi? C'est comme un noir pré_
_sis ta Reine et fais ton compli - ment.

S.
_sa _ ge, Pourquoi mon cœur est-il trem_ blant? _LES JEUNES FILLES.
S.
Qui va-t-il choisir pour sa
T.
B.
S.
Rei _ ne? Qui de
_LES BERGERS et LES MAGES.
T.
Prends cet_te fleur et don_ne - la.
B.
poco cresc.
(Cyrille prend la fleur, hésite un instant, puis brusquement se tourne vers Kassya.)
S.
nous se _ ra sou _ ve _ rai _ ne?
T.
B.
p

_SONIA.
Je me soutiens à pei _ ne!
O ciel! C'est Kassy _ a!
O ciel! C'est Kassy _ a!
_KOTSKA avec les Basses.
O ciel! C'est Kassy _ a!
_CYRILLE (s'adressant à Kassya)
Sa _
espress.
Andante (72 = ♩)
_ lut, fleur d'Occi _ dent! Gui _ dé par la beauté
Andante.
pp

C.
de l'é_toi_le nouvel _ le Qui vient bril_ler au fir_ma_
_ment, Je vais où son é_clat m'ap_
SONIA
C'est el_le! j'en é_tais
_pel _ le, Sa _ lut, douce fleur d'occi _ dent!
Ped.
S.
sû_re!
KASSYA. (rêveuse)
Eh! quoi, cette grandeur fu _ tu _ re Que, pour bonne a_ven_
p

Ka.
_ture, El_le me promettait,
Est - ce donc là ce que c'é_
Ka.
_tait?...
p
J'accep - te ton pré_
_CYRILLE.
Sa - lut, fleur d'Occi - dent! Gui_
_KOTSKA
Ah! So_
Sop.
(à bouche demi fermée)
Ténors.
(à bouche demi fermée)
Basses.
(à bouche demi fermée)
p

_SONIA (à part)
Mon cœur, hé _ las! me le disait...
Ka.
_sent, Je suis Rei _ _ _ _ ne!
C.
_dé par la beau _ té de l'é_toi_le nouvel _ _ le, Qui
K.
_nia, pauvre en _ fant!
S.
T.
B.

S.
La Rei_ne, c'était el _ _ le!
Ka.
Sa _ lu_ez tous, i_
C.
vient bril_ler au fir_ma _ ment, Je
K.
Pour ton coeur, je le sens, Pour ton
S.
T.
B.

S.
Pour mon coeur, quel tour_ment!
Ka.
_ci, la Rei _ _ _ ne nou _ vel _ le! Je suis
C.
cresc
vais où son é_clat m'ap _ pel _ _ _ le, Sa _
K.
coeur, quel_le pei _ ne cru _ el _ le, pauvre enfant!
S.
cresc
T.
cresc
B.
cresc.

S.
Ah! cachons bien mon tour_ment! Cachons
Ka.
Rei - ne pour un ins - tant,
C.
_lut, dou_ce fleur d'Oc_ci - dent! O dou_ce
K.
ca - che bien ton tour - ment,
S.
Fleur d'Oc - ci - dent!
T.
Fleur d'Oc - ci - dent!
B.
Fleur d'Oc - ci - dent!
f
dim.
p
sfz

rall. - - -
pp
bien... mon tour - ment, mon tour - ment!
p 3
Je suis Rei - ne, Rei - ne un ins - tant!
fleur, ô douce fleur d'Oc-ci - dent!
Pauvre enfant, pour toi, quel tour - ment!
Fleur d'Oc-ci - dent!
Sa - lut, fleur d'Oc-ci - dent!
Sa - lut, douce fleur d'Oc-ci - dent!
sfz
ff

Temps de Mazür. (54 = ♩.)
(Les ROIS, les MAGES, les BERGERS et les MARCHANDS, tous avec le Chœur des PAYSANS
S.
T.
B.
C'est la Rei - ne nou - vel - le!
Temps de Mazür.
Sa - lut à la Tzarew - na! Sa -
- lut! Sa - lut, à no-tre Tzarew - na!

KASSYA (rêveuse)
C'est là, cet_te grandeur
Ka.
Qu'on vient de me pré_di_ _re!...
(résolument)
Qu'im_por_te, il m'ai_ _me
Et moi, je l'aime aus_si!
p
pp

KOTSKA
Al _ lons, les dan _ seurs!
pp
Sop.
Ténors.
Basses.
mf
Les voici! En pla _ ce!
Les voici! En pla _ ce!
Les voici! En pla _ ce!
p
KASSYA
A vo _ tre Rei _ _ ne Et sou _ ve _ rai _ _ ne,
mf
Tous o _ bé_is _ sez,
Ka.
Tous, o _ bé _ is _ sez, Ai _ mez, chan _ tez et dansez!

mf

Elle est no_tre Rei_ne Et__ sou_ve_rai__ne,

mf

Elle est no_tre Rei_ne Et__ sou_ve_rai__ne,

mf

A la

Vi_te, fil_les et gar_çons, O_bé_is_sons!

Vi_te, fil_les et gar_çons, O_bé_is_sons! Allons!

Rei__ne, et fil_les et gar_çons, O_bé_is_sons!

cresc.

(Ici commence la danse)

f

Buvons!

f

Buvons!

f

Pour fêter__ les__ Rois, buvons!

f

S.
Rions!___ Chantons! A tous les é _ chos je _ tons Les refrains de
T.
Rions!___ Chantons! A tous les é _ chos je _ tons Les refrains de
B.
Rions!___ Chantons! A tous les é _ chos je _ tons Les refrains de
_KASSYA avec les 1.rs Sop.
S.
nos chan_sons! Pour fêter__les__Rois, chantons!___ Buvons!___ Rions!
T.
nos chan_sons! Pour fêter__les__Rois, chantons!___ Buvons!___ Rions!
B.
nos chan_sons! Pour fêter__les__Rois, chantons!___ Buvons!___ Rions!
S.
C'est No_ël et ses chan_sons! Jusqu'au jour_____ dan_sons!
T.
C'est No_ël et ses chan_sons! Jusqu'au jour_____ dan_sons!
B.
C'est No_ël et ses chan_sons! A _ mis,_____ , bu _ vons!

1er Sop. LES JEUNES FILLES (à Cyrille)
Souviens-toi bien que cel - le
S.
A-vec qui le Roi dan - se - ra, Tou-te la vie il l'ai-me-
CYRILLE (à Kassya avec passion)
C'est dit! Et son â - me ra - vi - - e
S.
-ra.
C.
Lui don - ne - ra son bon-heur et sa vi - - e.

(tendrement)
C.
Le veux - tu, Kas-sy-
p
_KASSYA
Tu le veux?... Je le
C.
-a?
pp
_SONIA (poussant un cri étouffé)
Ah!
(Ils s'embrassent)
Ka.
veux!
_KOTSKA
Qu'as-tu?
cresc.
f
mf
_SONIA.
Rien... mon pè-re! Emmenez-moi bien
cresc.

S.
loin, emmenez-moi, fût-ce au bout de la ter-
-re! Il l'aimait! Il l'aimait!
(avec désespoir)
(Kotska entraîne Sonia qui se soutient à peine — Cyrille contemple Kassya avec ivresse)
f Sop.
Pour fê-ter les Rois, buvons! Rions! Chantons!
f Ténors.
Pour fê-ter les Rois, buvons! Rions! Chantons!
f Basses.
Pour fê-ter les Rois, buvons! Rions! Chantons!
f
ff

a Tempo.
C'est No_ël et ses chan_sons, Tous, a_mis, dan_sons!
C'est No_ël et ses chan_sons, Tous, a_mis, dan_sons!
C'est No_ël et ses chan_sons, Tous, a_mis, bu_vons!
Je_tons Aux é_
dan_sons! C'est No_ël! Aux é_
C'est No_ël! Aux é_
_chos Les re_frains de nos chan_sons!
_chos je_tons Nos chan_sons! Dan_sons!
_chos je_tons Nos chan_sons! Buvons!

Je - tons aux é - chos

Je - tons ___ aux é - chos les re -

C'est No - el! ___ Aux ___ é - chos ___ je -

C'est No - ël! ___ Aux ___ é - chos ___ je -

- frains de nos chan - sons! Qu'à la dan - se On s'é -

- tons Nos chan - sons! Qu'à la dan - se ___ On s'é - lan - ce! ___ A -

- tons Nos chan - sons! Qu'à la dan - se ___ On s'é - lan - ce! ___ A -

cre - scen - do

- lance! Et dansons Jusqu'à l'heure où le coq an - non - ce - ra l'au - ro - re!

- mis, bu - vons! Ri - ons! Chan - tons! Dan - sons jus - qu'à l'au - ro - re!

- mis, bu - vons! Ri - ons! Chan - tons! Dan - sons jus - qu'à l'au - ro - re!

Fin du 1er Acte

UNE SALLE DANS LE CHÂTEAU DU COMTE DE ZEVALE.

Le fond ouvert par de larges fenêtres donne sur une terrasse autour de laquelle sont des jardins et une route en contrebas — Portes à doubles battants à droite et à gauche

Nº 6.

FANFARE ET CHŒUR (dans la coulisse)

T.
B.
Et__ le cheval frap_
Et__ le cheval frap_
plus gaî_ _ment!
dim.
f
_pe Du pied
Mar_cher__ en chantant __ Rac_cour_
pe Du pied plus gaî _ment! Mar_cher__ en chantant __ Rac_cour_
_cit __ l'é _ ta_pe
_cit __ l'é _ ta_pe
Et le che_val frappe_Du_pied plus gaî_
_cit ___ l'é_ ta_pe
Et le che_val frappe_Du_pied plus gaî_

T.
-ment! Mar - cher en chan - tant Rac-cour - cit l'é -
B.
-ment! Mar - cher en chan - tant Rac-cour - cit l'é -
T.
-ta - pe!
B.
-ta - pe!
p
(Le Comte entrant par la porte de droite et appelant)
LE COMTE
Des sol - dats! L'em - pe -

le C.
-rcue sait-il qu'en ce mo-ment Nous cons-pi-rons i-
-ci?... Ces trou-pes ac-cou-ru-es Vien-nent el-les pu-
-nir?
p
KOLENATI
Non, ce sont sim-ple-ment Des sol-dats en-voy-

Ko.
-és pour cher-cher des re-cru-es.
sfz
tr
(Les Trompettes et le Chœur plus rapprochés)
f 2 Trompettes.
Ténors.
f
Mar-cher en chan-tant Raccour-cit l'é-ta-pe
Basses.
f
Mar-cher en chan-tant Raccour-cit l'é-ta-pe
T.
Et le che-val frappe Du pied plus gaî-ment! Mar-
B.
Et le che-val frappe Du pied plus gaî-ment! Mar-
f

T.
_cher__ en chan_tant__Raccour_cit__ l'é _ ta_pe!
B.
_cher__ en chan_tant__Raccour_cit__ l'é _ ta_pe!
f
_LE COMTE
(réféchissant) p
Ce n'é_tait rien!__ Ces sol_dats pourraient bien ai_
p
le C.
(à Kolenati)
_der à mes a_mours... Cy_rille Est-il ve_nu?.
_KOLENATI
(mettant un doigt sur sa bouche)
C'est lui!__
p

RÉCIT C.

(s'inclinant devant le Comte)
CYRILLE.
LE COMTE.
KOLENATI
PIANO
tr
p
L'on m'a dit à la vil_le Que
vous a_vez besoin d'ou_vri_ers pour pa_rer Ce châ_
_teau. Me voi_ci.
LE COMTE.
C'est pour la fê_te De ce soir. Tu

le C.
vas tout dé_co_rer I_ci, de guir_lan_des, de fleurs.
_KOLENATI.
Viens!
f
Più moderato.
le C.
Qu'on lui prê_te tout ce qu'il lui fau_dra.
(à Cyrille)
Ko.
Le feuil_
Più moderato.
p
_CYRILLE.
J'y vais.
(bas au Comte)
Ko.
_la_ge, les fleurs, Tout ce qu'il faut aux travailleurs Est_là.
Un mot!.. que Monsei_
p

(1) Ici on entend dans la coulisse la voix de Kassya chantant sans accompagnement les quatre premières mesures de la Chanson Slave qui va suivre *Ô Nadjà, dit le Seigneur*. Voir la partition d'orchestre.

Nº 7.

CHANSON SLAVE.

Ka.
Des rubis merveilleux, La lourde fourrure
aux reflets bleus? = Non, seigneur, je vous le jure,
Un peu plus animé
Ce n'est pas ce que je veux ah!
tr
VARIANTE.

1º Tempo
Ka.
Mais deman_dez à Nadja,
p 1º Tempo.
ô mon doux maî - tre,
Si son cœur n'a pas dé_jà
Bat_tu peut - è - - - tre, Il vous di - ra ah! ah! ah!
ah! ah! ah!
Lui seul
ce qu'il vou _ dra!
ah!
f

RÉCIT D.

All° moderato.
(Kassya s'arrête apercevant le Comte)
KASSYA.
Monseigneur, par_don_nez à mon é_tourde_ri_e!...
LE COMTE.
Qu'as
All°. moderato.
fp
PIANO.
p
Ka.
(coquettement)
Rien... Vous m'avez fait peur!..
le C.
tu? répond?..
(avec amour)
N'es-tu
p
pas, Kas_sy_a, maî_tres_se de mon cœur!...

_KASSYA. (avec une feinte indifférence)
On m'a dit que Cy_rille E_tait i_
le C.
Ne le comprends-tu pas?
Ka.
.ci!
(avec coquetterie)
Mais c'est le plus fa_
(impatienté)
Ce nom toujours? eh! n'est-il donc Que ce_lui là?
_cile A re_te_nir pour moi.
(furieux)
Tais - toi! tais-

N°8.

AIR.

t Cie
48.

le C.
ne réponds à mon i - vres - se Que par ce souri - re mo -
le C.
- queur. Que rê - ves - tu donc en é - chan - ge De l'a -
le C.
- mour qui sup - plie en - cor, Ô
le C.
cru - el dé - mon, fille é - tran - - - ge, Qui n'aime
cresc.
sf

Poco rall
a Tempo
le C.
ni l'a_mour, ni l'or? Mais je lis dans ton
Poco rall.
a Tempo.
dim.
p
à - - me, Tu me cè_de_ras, Tu
Poco rall
Mesuré
ad lib
n'es qu'u_ne fem - me, Tu m'é_cou - _te-
suivez
Mesuré.
a Tempo.
-ras!
a Tempo.
f

Plus lent.
p
le C.
N'est - ce donc rien d'al - ler comme u-ne rei - - ne
Plus lent.
p
Et par les jours et par les nuits, De le-
p
-ver sur cha - cun un front de sou-ve-rai - - ne
sf
Pa - ré de per - les, de ru - bis!
1° Tempo animato
N'est-ce donc
1° Tempo animato.

le C.
rien de voir qu'on vous en_vi_ _e, De mépri_ser les len_de_
p
le C.
mains, De voir venir à soi les trésors de la vi _e Et d'y pui_
cresc.
a Tempo.
le C.
_ser à pleines mains? Oui, je lis dans ton
p
le C.
â_ _me, Tu me cé_de_ras! Tu

rall.
Mesuré.
ad lib.
a Tempo.
le C.
n'es _ qu'une fem_me, Tu m'é_cou _ te_ras! Tu
suivez
Mesure
a Tempo.
n'es _ qu'u _ _ ne fem _ _ me,
Plus large.
Tu me cé _ de _ _ ras! _ Tu me cé _ de-
Plus large
a Tempo.
_ras! _
a Tempo.

RÉCIT E.

All° moderato.
KASSYA.
CYRILLE
(avec émotion)
LE COMTE.
Eh! bien! tu ris en_cor, je ga _ ge?
PIANO.
p
KASSYA
Oh! non, mais vous ririez, je crois, à votre tour,
Si je vous disais, moi.
All^tto moderato
que là-bas, au vil_la_ge,
Nous ne com_prenons pas ce mot si doux;

Ka.
dol.
amour, Si ce mot n'est sui_vi d'un au_tre: ma_ri_
più p
_a_ge.
_LE COMTE.
p (à lui même)
Non... je suis fou!
Par_lez!
(avec passion)
É_coute_
pp
All.tto agitato.
le C.
moi, comprends!
bien chanté
Si tu pou_vais ai_
p
_mer qui te trouve a_do_ra_ble, Si ton

(1) Au théâtre on dit deux fois ces deux mesures pour mieux préparer la sortie du Comte. Voir la partition d'orchestre.

(Cyrille entre, suivi de domestiques qui déposent une échelle, jettent des brassées de feuillage et se retirent)
(à elle même)
Ka.
Je suis folle à mon tour...
All^tto moderato.
_CYRILLE.
(avec amour)
Me voi_

(à Kassya préoccupée qui ne l'entend pas)
C.
_là, Kassy _ a! Voy_ons! veux-tu m'ai_der à pla_cer ce feuil _ la _
dol.

_KASSYA (rêveuse)
Cy _ ril _ le?... c'est ce _ la!
C.
_ge? Eh! oui! travail_lons!

N° 9.

DUO.

KASSYA, CYRILLE

L'ÉCHELLE

Ka.
Le cœur plus joyeux. L'esprit est plus sa - ge, Le cœur plus joy - eux.
C.
- ma - ge Au cœur, dans les yeux, J'ai ta douce i - mage Dans les yeux.
Ka.
Travailler à deux Double le cou - ra - ge, Travailler à deux Double
C.
Travailler à deux Double le cou - ra - ge, Travailler à deux Double
Ka
le coura - ge, L'esprit est plus sa - ge, Le cœur plus joyeux.
C.
le coura - ge, J'ai ta douce i - ma - ge Au cœur, dans les

Ka. L'esprit est plus sa - - ge, plus joy - - eux!

C. yeux, Ton i - ma - - - ge dans les yeux!

KASSYA (lui tendant des feuilles et un marteau)

Prenez d'a - bord cet - te guir - lande Et ce marteau ... sans vous bles - ser.

— CYRILLE

C'est fait! ———

A - vant de commen -

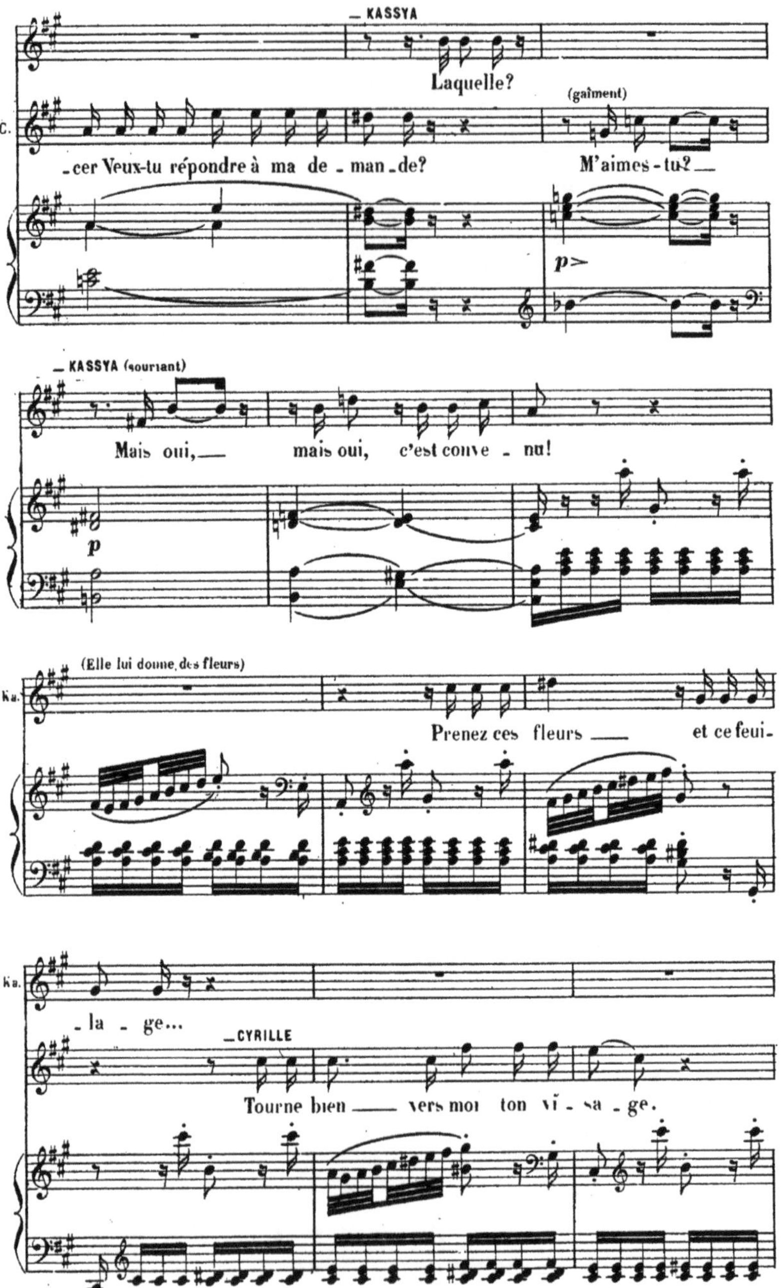
KASSYA
Laquelle?
C.
(gaîment)
-cer Veux-tu répondre à ma de - man - de?
M'aimes - tu? —
p>
KASSYA (souriant)
Mais oui, — mais oui, c'est conve - nu!
p
(Elle lui donne des fleurs)
Ka.
Prenez ces fleurs — et ce feui-
Ka.
- la - ge...
CYRILLE
Tourne bien — vers moi ton vi - sa - ge.

Ka.
C'est fait!
C.
(avec sentiment)
Ô Kassy - a, je te trouve
Ka.
A l'ou - vra - ge! Plus tard vous me di - rez ce -
C.
bel - le!
Ka.
la. A l'ou - vra - ge! Tra - vail - ler à deux
C.
Tra - vail - ler à deux
dim.
p

Ka.
Double le cou - ra - ge, Travailler à deux double le coura - ge,
C.
Double le cou - ra - ge, Travailler à deux double le coura - ge,
Ka.
L'esprit est plus sa - ge, Le cœur plus joyeux. L'esprit est plus sa -
C.
J'ai ta douce i - ma - ge Au cœur, dans les yeux, Ton i - ma -
Ka.
- ge, plus joy - eux!
Récit.
C.
- ge dans les yeux! D'un mot tu m'as donné du cœur!
Récit.
f

(Cyrille retourne vers l'échelle)
(Kassya, rêveuse,
examine le palais, elle s'est assise sur un divan)
C.
vi - te à ma
tâ-che!
f
dim.
p
poco
cresc.
dim.
KASSYA
I - ci — tout est splendeur! —
Ka.
— quelle riches - se!
Andante.
Ah! que douce-ment la pa-
Andante. (54 = ♩.)
pp
Ka.
- res - se Vous prend sur ces coussins soy - eux, — Leur mol-

Ka.
-les - - se est - une ca - res - - se. Ah! que les seigneurs sont heu-
-reux! Ah! que les seigneurs sont heu - reux! —CYRILLE.
1º Tempo moderato.
Que dis-
-tu?
Rien, je rê - ve...
Kassy-a! m'aimes-tu? -
sf
p
(avec impatience)
Mais oui!
(à part)
Toujours lui!... I -
Ma be-sogne s'a - chè - ve!
C.
mf
poco cresc.

Ka.
_ci_ tout me charme et m'at_ti _re. En vain je veux fermer les
p
yeux, _ Cha_que cho_ _se a comme un sou_ri_ _ _re._
Ah! que les seigneurs sont heureux! _ Ah! que les seigneurs sont heu_
m.d.
m.g.
Allegro moderato.
(surprise)
_reux! Toi! qu'as-tu?
_CYRILLE. (qui s'est rapproché brusquement)
Kassy_a! Cette riches_se t'éblou_
3
sf

48.

(souriant)
1º Tempo andte
Ka.
Moi?..
ah! ah!
Mais le sei-
C.
-it!
1º Tempo andte
p
p
Ka.
-gneur— m'a dit: un seul mot de tendres - se
Et tous ces biens seront à
Ka.
toi!
Bien plus enco - - re!
CYRILLE
Il te disait cela?

Ka.
Sois i - ci la maîtres - se.
C.
Il te disait cela!
cre - - - scen - - - -
Allegro.
Ka.
Il disait: je t'a-do - re!
(furieux et menaçant)
C.
Allegro.
Il te disait cela!
- - do - -
ff
Ka.
Cyril-le!
C.
Kassy - a! —
(100 = ♩)
Écoute-
8
ff
ff
f dim.
p

C.
moi! Je connais ta pen_sé _ e, Puisqu'il faut des tré_
C.
_sors à ton â _ me in_sen_sé _ e, Eh! bien, j'en vole_
C.
_rai Et te les donne_rai!.. Es-tu con_ten_ _te?
Même mouv!
_KASSYA. (haussant les épaules)
On te pendra!
C.
Ô hon_te!
Même mouv!
p

Ka.
Mais lui, le Com_te, Sans rien risquer, il me les donne-
6
Ka.
_ra!
_CYRILLE. (au comble de la colère)
Ah! mi_sé_ra_
f
ff
Ka.
(il lève son marteau sur elle)
U_ne mena_ce!
C.
_ble!
8
f
Ka.
(ironique)
Eh! bien! j'at_tends! Pourquoi ton bras me_na_ce-
mf
dim.

(Après un premier mouvement, Cyrille laisse glisser son marteau à terre)
Ka.
-t-il
Et ne frap-pe-t-il pas?
f espressivo.
dim.
CYRILLE
Ah!
j'ai tort!...
dim.
p
C.
je deviens fou!...
Que veux-tu que je fas - se?
C.
Te laisser li - bre?
va!
Je te croy-
(76 = ♩)
mf
p

C.
_ais toute au _ _ tre, Kas _ sy _ a;
En te don_nant mon
sf
C.
â _ me, en te donnant ma vi _ _ e,
Je pen_sais ___ être ai_
sf
C.
_mé, pardonne à ma fo _ li _ _ e,
J'ai pu croi _ _ re que tu m'ai_
_ KASSYA
Eh! quoi! vraiment, il
très expressif.
(il sanglote)
C.
_mais, ___ Je me trom_pais! Je me trom _ pais!
f
p
f

Ka.
pleu - re?
C.
Je me trom - - pais Quand je croy -
f
rall.
Allegro.
- ais que tu m'ai - mais!...
- KASSYA.
- Ne pleure pas! -
suivez.
p
Ka.
je suis meilleu - re Que tu ne crois;
Rapide.
peut ê - tre, en y son - geant, Suis - je meilleure aus - si, que je ne crois moi-
sf
suivez.

Ka.
mê - - me? Tu pensais être ai - mé, Cy - ril - le.
fp
f
eh! bien! je t'ai - - me!
_CYRILLE
Je
Ré-pè-te-le!
t'ai - - me! me crois-tu, mainte - nant? Je t'ai - -
ff
- - me! _CYRILLE. (avec élan)
Ah! je te crois, j'en crois ta
(100 = ♩)
mf
p

C.
voix,
Oui,
je
te
crois,
j'en
crois ton regard
et
ta
voix!
Je
lis dans ton cœur,
je
lis dans tes lar - mes,
Je
te
crois!

KASSYA
Non, plus de lar - mes, Fuy - ez, vai - nes a - lar - - - mes;
Tous deux, nous vi - vrons, moi pour toi, toi pour moi.
Bon - heur et ri - ches - se Sont dans notre a - -
CYRILLE
Bon - heur ri - ches - se Sont notre a - -
Ka.
C.
f
mf
cresc.
p
Ped.

poco rall.
Tempo
Ka.
-mour et no - - tre ten - dres - se...
C.
-mour et no - - tre ten - dres - se... Ah! je te
Tempo
pp
poco rall.
p
mf
Ka.
Oui, tu me
C.
crois, j'en crois ta voix
sf
mf
Ka.
crois, tu crois mon regard et ma
C.
par ton re - gard, ton re -

Ka
voix
Tu lis dans mon cœur
C.
gard et ta voix
Je
lis dans ton cœur
je
cre
scen
do
Ka.
tu lis dans mon â
me Crois en
mes
f
C.
lis dans ton â
me
Ah!
J'en
crois
tes
f
f
Ka.
pleurs et ma voix.
Bon-heur et Ri-ches
se
Sont
C.
pleurs et ta voix.
Bon-heur et Ri-ches
se
Sont

(1) Au théâtre on peut passer de là directement au signe ⊕ page 151

N° 9bis

MUSIQUE DE SCÈNE.

(1) Fin de la coupure

_KOLENATI (montrant Cyrille)

C'est ce_lui là! c'est no_tre drô _ le!

_LE SERGENT.

Très bien! Hé! l'a _ mi!

_CYRILLE (sur son échelle)

Comment?

le S. répon_dez! De ce per_choir, sur ma pa _ role, On ne saurait cau_

C. Vous di _ tes? Il faut que je tra _ vail _ le!...

le S. _ser. Des_cen_dez!

le S. A po_ser des guir _ lan_des... A_lors qu'on est soldat!

C.
Mais je ne le suis pas! Com - ment!
le S.
Si fait! Il
(lui montrant un papier)
faut que tu descen - des Encor plus bas Pour voir i - ci ton nom...
—CYRILLE (est descendu vivement)
Qu'ai-je lu? non! je ne le veux pas!
c'est signé.
Vois! l'ordre est ab - so - lu!
(Les soldats sont entrés vers la fin de cette scène)

Nº 10

SCÈNE ET CHŒUR.

*_LES RECRUTEURS_*

T.
rang! Al - lons
B.
rang! Al -
dim.
p
al - lons, ca - ma - ra - de, Viens à nous gaî -
- lons al - lons, ca - ma - ra - de, Viens à nous gaî -
mf
- ment, Nous boirons ra - sa - de!
f
tr

T.
B.
mf
Pourquoi fai_re la_gri_ma_ _ _
Pourquoi fai_re la_gri_ma_ _ _ _ce? Vois, la gloi_
_ce? Vois. la gloi_re te_sou_rit! On te
_ _re te sou_rit! On te
f
donne u_ne cui_ras_ _ _ _se Et l'Em_pe_reur te nour_
donne u_ne cui_ras_ _ _se Et l'Em_pe_reur te nour_

T.
B.
-rit!
Al-lons
-rit! l'Empe-reur te nour-rit!
Al-
al-lons, ca-ma-ra-de, Viens à nous gai-
-lons al-lons, ca-ma-ra-de, Viens à nous gai-
-CYRILLE (exaspéré)
Je
-ment, Nous boi-rons ra-sa-de!
-ment, Nous boi-rons ra-sa-de!

C.
ne par_ti_rai pas, c'est u_ne trahi _ son!
f
p
LE SERGENT. (lui montrant son engagement)
C'est l'ordre du Sei_gneur.
Je saurai par lui mê _ me.
Mon Dieu! c'est vrai... je comprends la rai _ son. Il veut m'éloi_
f dim. p f dim.
_gner! Vous m'enten _ dez... il l'ai _ me!
fp

poco rall. — a Tempo

C. Il veut ___ me la ra - vir!

— LE SERGENT

Ah!

a Tempo

f — *suivez* — *p*

le S. ah! est-ce que l'on s'ar - rê - te A de tels ac-ci -

— CYRILLE

Mais je veux me ven - ger ___ *f*

le S. - dents! Soyons pru - dents ___ *p*

f *p*

C. Si Kas - sy -

le S. a - vec les grands, Lais - se - là ton a - mou - ret - te.

C.
_a m'avait tra_hi, Si d'ac_cord a_vec lui?.. Je veux sa_
f p
f p
rall
_voir par el_le_mê_me Si c'est lui, si c'est moi qu'elle
sfz suivez
p rall.
cre_scen_do
a Tempo
ai_me!
LE SERGENT
Dé_tail pué_ril! al_lons,
a Tempo
p
le S.
ca_ma_ra_de, Al_lons! al_lons!
p

le S.
Nous boirons ra - sa - de, En - tre dans le rang
Tén.
f
Allons! par-tons!
Basses.
f
Allons! par-tons!
f
ff
CYRILLE.
Jamais! je saurai me dé - fen - dre!
le S.
Pas de ré-bel-li -
mf
le S.
-on! Nous a-vons l'âme ten - dre Tout comme toi

le S.
Mais a_vant l'a_mour c'est la loi!
Et nous l'é_xécu - tons.
T.
Al_lons, en mar_che pas de rébelli_
LE SERGENT avec les 1res Basses.
B.
Al_lons, en mar_che pas de rébelli_
CYRILLE (se dégageant)
Laissez-moi! ô Dieu de jus_ti_ce Qui
_on! Par_tons!
_on! Par_tons!

C.
T.
B.
vois mon tour - ment, Qui vois mon sup - pli - - - ce, En -
Al - lons! Par - tons!
Al - lons! Par - tons!
cre - scen - do
Même mouv^t
- tends aujour - d'hui ce ser - ment: Du maî - tre qui m'op -
Par - tons!
Par - tons!
Même mouv^t
f
p
p soutenu
- pri - me Et par qui je suis outra - gé, Quand je devrais descendre au
cresc.

en élargissant
a Tempo.
C.
cri _ me Je jure i _ ci ___ d'être ven _ gé! Par _ tons!
T.
Par _
B.
Par _
a Tempo.
sfz
f
suivez.
f
_ LE SERGENT
Même mouvt
En _ fin te voi _ là plus trai _
T.
_ tons!
B.
_ tons!
Même mouvt
più f
p
le S.
_ ta _ _ ble, Viens a _ vec nous, Nous sa _ vons ê _ tre doux Quand on

rall.
p
1º Tempo
est rai_son_na - - - ble, Al - lons, al -
1º Tempo
rall. - - - - -
p
- lons, Al - lons, ca_ma - ra - de, Viens à nous gaî -
Tén.
p
mf
Al - lons, ca_ma - ra - de, Viens à nous gaî -
Basses
p
mf
Al - lons, ca_ma - ra - de, Viens à nous gaî -
mf
f
(ils se mettent en marche)
- ment, Nous boi_rons ra - sa - de!
LE SERGENT, avec les 1res Basses.
f
p
- ment, Nous boi_rons ra - sa - de! Al - lons al - lons al -
tr
f
p

_CYRILLE (au fond du théâtre)
Je
T.
Par - tons! par - tons!
B.
_lons, ca_ma_ra_de, Mar_chons au pas, al_lons par_tons!
C.
jure i - ci d'ê - tre ven_gé!
(ils s'éloignent)

RÉCIT F.

(1) On peut passer du signe ⊕ au signe ⊕, en changeant les paroles comme il est indiqué

N° 11.

FINAL.

CHŒUR DU RIRE._ PRIÈRE DE KASSYA _FÊTE

Un peu retenu.
_ KOLENATI avec les 2ds Ténors.
T.
B.
p
J'en ris!
J'en ris!
Un peu retenu.
poco rall
j'en ris! Quelle plaisan_te _ ri _ e! C'est un trait de gé_
j'en ris! Quelle plaisan_te _ ri _ e! C'est un trait de gé_
_ni _ e Ex _ quis! ex _ quis! Par_fait! par_fait!
_ni _ e Ex _ quis! ex _ quis! Par_fait! par_fait!
cre _ _ scen _

poco cresc.
T.
On le prend, on l'en - rô - le. Ce mi-sé-ra-ble drô - le L'ai -
poco cresc.
B.
On le prend, on l'en - rô - le. Ce mi-sé-ra-ble drô - le L'ai -
- do
LE COMTE
Il voulait ê - tre son a -
T.
- mait! l'ai - mait!
B.
- mait! l'ai - mait!
le C.
- mant
T.
Vraiment! l'in - so - lent!
B.
Vraiment! l'in - so - lent!

le C.
Mais je l'en _ voie au ré _ gi _ ment
T.
Vraiment!
B.
T.
C'est char _ mant!
B.
Vrai _ ment! C'est char _ mant!
T.
p
J'en ris! j'en ris! Quelle plaisante _ ri _ e,
B.
p
J'en ris! j'en ris! Quelle plaisante _ ri _ e,
p

T.
C'est un trait de gé - ni - e Ex - quis! ex - quis!
B.
C'est un trait de gé - ni - e Ex - quis! ex - quis!
poco cresc
Par - fait! par - fait! On le prend, on l'en - rô - le.
poco cresc
Par - fait! par - fait! On le prend, on l'en - rô - le.
cre - scen - do.
p
Ce mi - sé - ra - ble drô - le L'ai - mait! par - fait!
p
Ce mi - sé - ra - ble drô - le L'ai - mait! par - fait!
sf
p
p

* On peut faire chanter ces Soli par deux groupes de Choeurs

faux, de ré - pan - dre le sang Des no - bles comme
1er SEIGNEUR.
nous. U-ne po - tence A ces gens là!
2d SEIGNEUR.
Non! il vaut
mieux Qu'on les fas - se pay - er.
1er SEIGNEUR
Bu -
2d SEIGNEUR
- vons!
Bu - vons!
1er SEIGNEUR
Bu-vons d'a - vance A leur tré -

_2d SEIGNEUR.
-pas! Bu_vons d'a_vance A leur tré_pas!
_KASSYA. (dans la coulisse)
Lais_sez-moi! lais_sez-moi! Je
dim.
Ka.
veux le voir! le voir! je le veux!
(entre Kassya)
_LE COMTE.
C'est el_le!

Andante sostenuto.
KASSYA.
Oui! c'est moi!
LE COMTE
N'est-ce
Andante sostenuto.
con grazia.
Ka.
le C.
Cyril - le! je l'ai
pas, messieurs, qu'elle est jo - li - e?
vu traîné par des soldats! Vous n'avez pas donné cet or - dre?
LE COMTE
Sur ma vi - e! Ce - lui' qu'elle ai-merait se-

KASSYA
Je veux une réponse autre que ce sourire, Je veux, vous m'enten-
le C.
-rait un homme heureux!
cresc.
Ka.
-dez, je veux Qu'à l'instant il soit li - bre!
LE COMTE
Eh! bien, allez le dire aux soldats qui l'ont pris. Ils
le C.
vous o-bé-i-ront. Pous vous plai - re ils vous le ren-

Allegro.
_KASSYA. (menaçante)
Monseigneur!
(sérieux)
le C.
_dront.
Eh! bien,
Allegro.
f
Ka.
rall.
Pardonnez!
quoi? Kassy_a?
ff
dim.
p
pp
Moderato. (sans lenteur)
Par_don_nez!
Je ne menace plus, j'implo_re Et je
Moderato. (sans lenteur) (88 = ♩)
pleu_re, vous le voy_ez.
M'humi_lierai_je plus en_
poco cresc.

Ka.
-co - - re! Faudra-t-il __ tomber à vos pieds? __ Faudra-
Ka.
-t-il tomber __ à vos pieds? __ Que sommes-nous donc sur la
p
p
Ka.
ter - - re, Nous si fai-bles, nous si pe-tits, Hélas! __ pour que votre co-
sfp
sfp
Ka.
-lè - - re S'a-baisse __ à de tels enne-mis? __ On leur par-

En animant peu à peu
Ka.
-don- -ne, et puis l'on pas- -se. N'est-ce pas, vous nous pardon-
En animant peu à peu.
-nez? Vous ê-tes bon, vous faites grâ- -ce?
cre- - - -
Il est li- - - -bre! Vous l'or-don-nez?
-scen- - - do.
rall.
f
dim.
Plus lent.
Je ne me-na-ce plus, j'im-plo- - - re...
Plus lent.
p
p
dim.
pp

Un peu plus lent.
LE COMTE
Re_levez-vous, Kassya, je vous pri_ _ e.
Un peu plus lent.
p
KASSYA.
Monseigneur!
Allegretto.
(aux Seigneurs)
le C.
N'est-ce pas, messieurs,
Allegretto. (72 = ♩.)
p
qu'elle est jo_li_ _ e?..
Ténors. KOLENATI avec les 2ds Ténors.
p
Sois donc plus sage, ou_
(entourant Kassya)
Basses
p
Ou_
p

T.
_bli - - - e, ou _ bli _ e un mal _ heu _ reux. ___ Vois_
B.
_bli - - - e, ou _ bli _ e un mal _ heu _ reux. ___ Vois_
più f
T.
___ la joy _ eu _ se vi _ e Que l'on _ mè _ ne en ces
B.
___ la joy _ eu _ se vi _ e Que l'on _ mè _ ne en ces
cresc.
_LE COMTE
f
Les ans pas_sent ra _ _ pi _ des, ___
T.
f
lieux! ___ Les ans pas_sent ra _ _ pi _ des, ___
B.
f
lieux! ___ Les ans pas_sent ra _ _ pi _ des, ___
ff

KASSYA
Ah! Mon_sei-
le C.
Vivons au jour_ le jour!_ bu_vons!
T.
Vivons au jour_ le jour!_ bu_vons!
B.
Vivons au jour_ le jour!_ bu_vons!
p
Ka.
_gneur, on vous_sup_pli_e, Fai_tes grâce à ce mal_heu-
Ka.
_reux, Fai_tes grâ_ _ _ce, ah!_ grâ_
Ténors.
p
Sois donc plus sage, ou_
Basses.
p
Ou_
p

Ka.
- - ce, L'on vous_ sup_pli_e, au mal_heu_reux!
_LE COMTE.
Ou_bli_e ce malben_reux.
T.
bli _ _ _e, ou_bli_e un mal_heu_reux. Vi_
B.
bli _ _ _e, ou_bli_e un mal_heu_reux. Vi_
Ka.
Ah! Sei_gneur, fai_tes grâ_ _
le C.
Vi_vons pour les plai_sirs
T.
vons, n'ay _ ant pour gui_des Que les_plai_
B.
vons, n'ay _ ant pour gui_des Que les_plai_
mf

Ka.
le C.
T.
B.
ce!
Grâ - ce!
et l'a - mour!
Les ans pas-sent ra - pi - des!
sirs, l'a - mour!
Les ans pas-sent ra - pi - des!
sirs, l'a - mour!
Les ans pas-sent ra - pi - des!
f
Grâ - ce!
Vi-vons au jour le jour, Vi - vons
Vi-vons au jour le jour, Vi - vons
Vi-vons au jour le jour, Vi - vons

Ka.
pi - tié pour lui!
le C.
pour les plai - - sirs, l'a - - - mour!
T.
pour les plai - - sirs, l'a - - - mour!
B.
pour les plai - - sirs, l'a - - - mour!
8
ff
KASSYA (timidement)
Vous pardon-nez?.. Vous me rendez Cy - ril - le?
mf
LE COMTE (changeant de ton)
Peine inu-ti - - le! Tu l'as condam - né

le C.
pour ja_mais
Rien_ qu'en di_sant_ que
sfz
KASSYA
poco rall.
a Tempo.
Vous re_fu_sez...
vous le laissez par_
tu l'ai_mais!
a Tempo
suivez.
p
Ka.
_tir?
Rien ne peut donc vous at_ten_drir?
sf
dim.
(se redressant)
En élargissant.
Je re_prends mon cou_rage et je
cresc.
f
suivez.

a Tempo
Ka.
pars a_vec lui!
_LE COMTE (brusquement)
Tu ne par_ti_ras pas!
a Tempo.
p
_KASSYA
Qui peut m'en em_pê_
p
Ka.
_cher?
_LE COMTE.
Un mot!
f
pp
le C.
Ce ma_ri _ a _ _ _ ge que tu vou_lais

KASSYA.
Eh! bien?
le C.
Parle plus bas... il se fe-
-ra!
Ka.
Vous vous mo-quez!
il se fe-ra!
Men-son- - - -ge!
je le ju- - - -re!
più f

_KASSYA.
O_sez di_re ce _ la Sur l'I _ ma_ge sa _ crée et les saints É_van_
p
Ka
_gi _ _ les; Vous le ju _ rez?..
_LE COMTE. (solennellement)
_Sur les saints É_van_
8
pp
p
_KASSYA
Mais vos a _ mis?
le C.
_gi _ _ les! _
Nous sau _ rons être ha_
Ka.
Récit.
Moi... moi... com_tes _ se!..
le C.
_bi_les!
Eh! bien?
Récit.

Ka.
Ah! la prédicti - on de la bohémienne Et cet-te vi-si-
fp
dim.
Molto moderato.
-on.... « On s'incli-ne vers
Molto moderato.
pp
toi par-tout... Tu vou-lais hon-
-heur et-for-tu - - - ne, Tu les au-
3

Allegro.
Ka.
-ras!" _LE COMTE
Vic-toi - re! el-le reste a-vec nous, mes chers a-
Allegro.
f
le C.
-mis!
Ténors.
f
Vic-toi - - re! Or-don - nez là-des-
Basses.
f
Vic-toi - - re! Or-don - nez là-des-
8
ff
T.
-sus, que l'on nous verse à boi - - re! à boi - - re! à
B.
-sus, que l'on nous verse à boi - - re! à boi - - re! à
8

T.
boi - re! à boi-re!
B.
boi - re! à boi-re!
8
(Trompettes dans l'éloignement)
sfz
dim.
pp
KASSYA
Ciel!
Ténors.
SOLDATS. (dans la coulisse)
Mar-cher en chan-tant Raccour-cit l'é-
Basses.
Mar-cher en chan-tant Raccour-cit l'é-
p
Ka.
C'est lui!
T.
-ta-pe, Et le cheval frappe Du pied plus gaî-ment! Mar-
B.
-ta-pe, Et le cheval frappe Du pied plus gaî-ment! Mar-

T. -cher_ en chantant_ Raccour-cit_ l'é - - ta-pe!

B. -cher_ en chantant_ Raccour-cit_ l'é - - ta-pe!

(Tout à fait dans l'éloignement)

sf > *pp*

_KASSYA

Lui! lui qu'on en-traî-ne! Ah!..

_LE COMTE

Qu'as-tu dit?

Récit.

_KASSYA

-Rien!

Récit.

f *ff* tr tr

Ka. rien! c'est mon des-tin qui s'ac-com-

f

Fin du 2e Acte

ACTE III.

1r Tableau.

LA LISIÈRE D'UNE FORÊT

Elle commence à gauche et s'étend vers le fond. — A droite, un chemin conduisant au village
Tout est couvert de neige. — Bois et village dans le lointain

ENT'RACTE-PRÉLUDE.

—LA NEIGE—

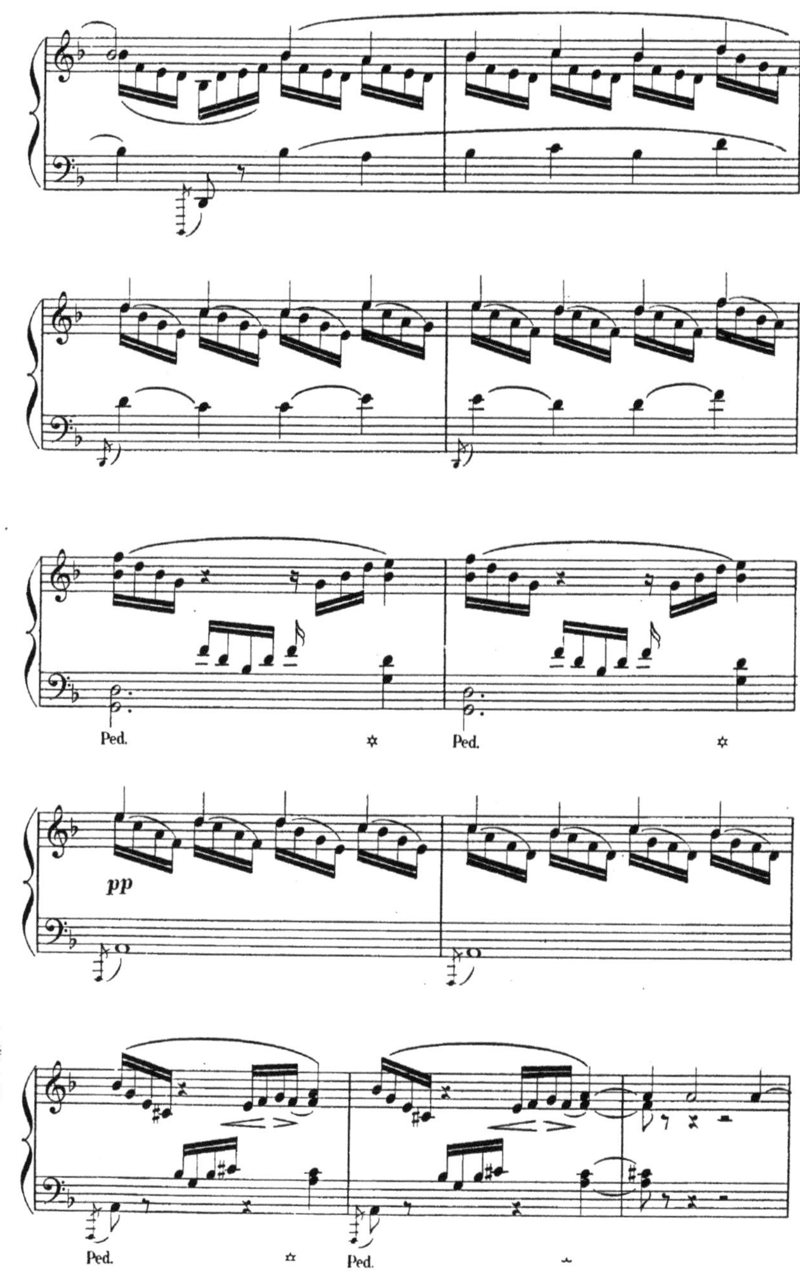
Ped.
Ped.
pp
Ped.
Ped.

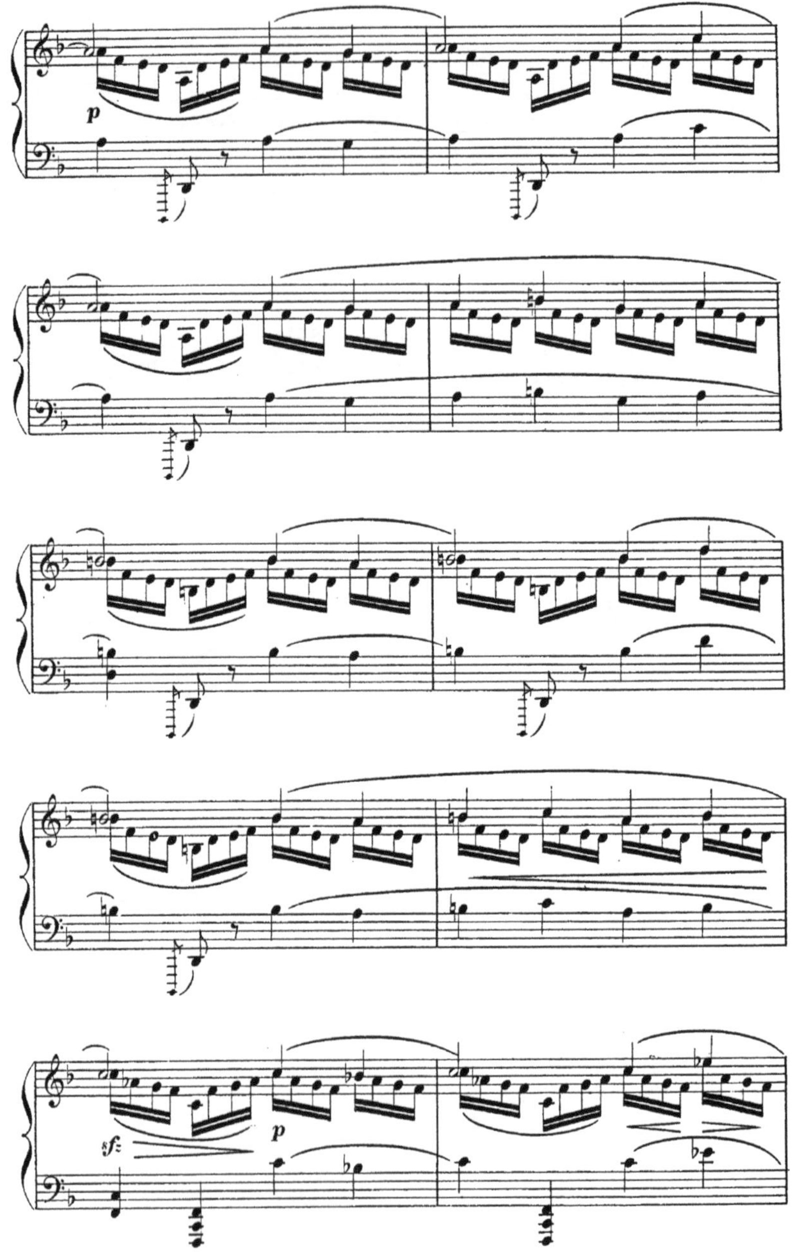
p
sfz
p

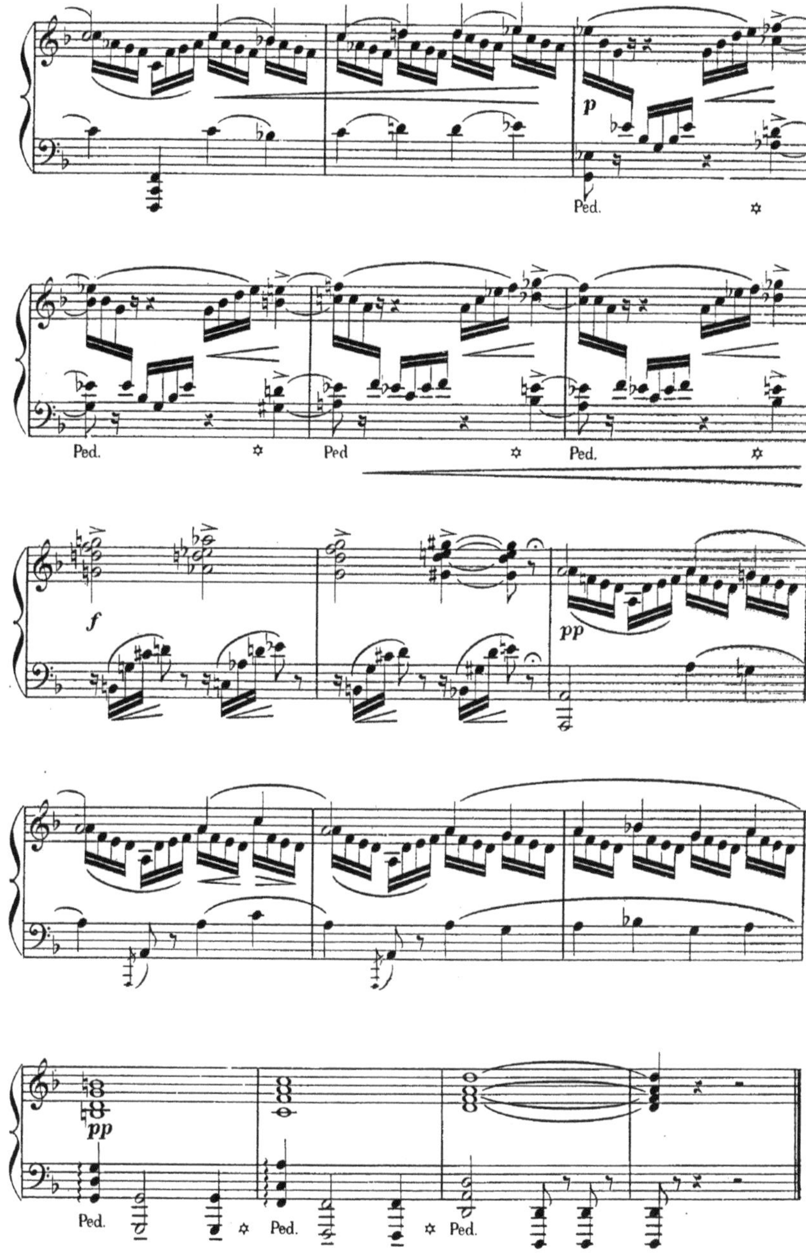
p
Ped.
Ped.
Ped
Ped.
f
pp
pp
Ped.
Ped.
Ped.

N° 12.

CHŒUR DES FRILEUSES.

(Le vent redouble)

(Les jeunes paysannes se rapprochent) *rall* - - - - - - - -

a Tempo più animato.

Sopranos.

Rentrons au lo_gis, rentrons au lo_gis,

Mezzo-Sopranos.

Rentrons au lo_gis,

a Tempo più animato.

S.
Soufflons dans nos doigts par le froid rou - gis.
M.
Soufflons dans nos doigts par le froid rou - gis.
sf
S.
Mon Dieu, qu'il fait froid! Rentrons au lo - gis.
M.
Rentrons au lo - gis.
p
S.
Comme une a - va - lan - che, La nei - ge bien - tôt,
M.
Comme une a - va - lan - che, La nei - ge bien - tôt,

S.
en tem_pê_te blan - che, Du ciel en cour - roux Bien_
M.
en tem - pê - te blan - che Du ciel en cour_
S.
_tôt va fon - - dre sur nous. Comme une a_va - lan - che,
M.
_roux va fon - - dre sur nous. Comme une a_va - lan - che,
p
sf
S.
Du ciel en cour_roux La nei - ge bien_tôt va fon_dre sur nous, Ren_
M.
Du ciel en cour_roux La nei - ge bien_tôt va fon_dre sur nous, Ren_
fp

S.
M.
p
-trons,
Rentrons au lo-gis,
-trons,
p
p
Rentrons au lo-gis,
Soufflons dans nos doigts par le
p
Rentrons au lo-gis,
Soufflons dans nos doigts par le
froid rou-gis
Mon Dieu, qu'il fait froid!
froid rou-gis
Mon Dieu, qu'il fait froid!
sf

S.
M.
Ren_trons au lo_gis, La nei_ge bien_
Ren_trons au lo_gis, La nei_ge bien_
_tôt en tempê_te blan_ _ _ _ _che,
_tôt en tempê_te blan_ _ _ _ _che, Du ciel va
Du ciel en cour_roux, va fon_dre sur nous, Ren_
fon_ _dre, du ciel en cour_roux,

S.
trons au lo gis,
M.
p
Ren trons au lo
S.
Soufflons dans nos doigts par le froid rou
M.
gis,
Soufflons dans nos doigts par le froid rou
S.
p
gis.
M.
p
gis.
p

Un peu plus lent
_UNE PAYSANNE. Sop.
cantando
1re SOLO
Lais_ _sons les plus cou_ra_
_UNE PAYSANNE. Mezzo-Sop.
2e SOLO
cantando.
Lais_ _
Un peu plus lent.
p
S.
geux que l'a _mour pro_tè_ _ge Cher_ _
M.
_sons ceux_que l'a_mour pro_tè_ _ge
S.
_cher dans les vallons creux U_ne fleur de nei_ _ge.
M.
Chercher dans les vallons creux U_ne fleur de nei_ _ge.
mf

S.
M.
Aux gi_ _vres é_tin_ce_lants Elle a
Aux gi_ _vres é_tin_ce_lants Elle a
pris ses feux é_tran_ _ges,
pris ses feux é_tran_ _ges,
più f
Et son fin du_vet d'ar_gent A
Et son fin du_vet d'ar_gent A
cresc.
f
sf

rall.
a Tempo
TUTTI
S.
l'ai _ le des an _ ges.
Mon Dieu! qu'il fait
M.
l'ai _ le des an _ ges.
Mon Dieu! qu'il fait
a Tempo.
sf suivez.
sfz
p
froid! ___
Mon Dieu! qu'il fait froid! Rentrons, ___
f
p molto rall _
froid! ___
Mon Dieu! qu'il fait froid!
molto rall _
sf
p
1º Tempo.
Rentrons, ___
Ren _ trons
Rentrons, ___
Rentrons, ___
1º Tempo

S.
au lo_gis,
Rentrons
au lo_gis.
Soufflons dans nos
M.
p
Rentrons
au lo_gis,
Soufflons dans nos
S.
doigts par le froid rou_ _gis.
Mon Dieu!
M.
doigts par le froid rou_ _gis.
Mon Dieu!
sf
S.
qu'il fait froid!
Rentrons
au lo_gis,
La
M.
qu'il fait froid!
Rentrons
au lo_gis.
La
sf

nei - ge bien - tôt, en tem - pê - te blan - - -
nei - ge bien - tôt, en tem - pê - te blan - - -
- - che, Du ciel en cour - roux
- - che, Du ciel va fon - - dre, du ciel
Va fon - dre sur nous. Ren - trons au lo -
en cour - roux, Ren - trons

S.
-gis,
Souf-flons dans nos
M.
au lo-gis,
Souf-flons dans nos
S.
doigts par le froid rou-gis.
M.
doigts par le froid rou-gis.
p
f
(Les paysannes sortent)
f
pp
Enchaînez.

N° 13

RÉCIT ET AIR.

_ L'HIRONDELLE _

_KOTSKA Récit
Deux ans _ sont écou_
Récit.
_lés depuis _ qu'il est par_ ti. Deux ans de peine et de mi _ sè _ re! Que di_ra-
-t'il ______ quand il ver_ra Son vieux père er_rant ______ sans a_
_si_le, _ Et toi ma pau_vre Soni_ _a!..
1º Tempo
1º Tempo.

SONIA Récit.
Ne me plaignez pas trop, Je vais revoir Cy_ril_le! Il en est du mal_
Récit
mf
fp
S.
_heur tout comme de l'hi_ver. ___ Le temps était noir, ___
fp
sfp
AIR.
Moderato.
il redevient clair ___
Moderato.
dim.
dim.
Andante (56 = ♩)
Il suffit d'atten_ _dre.
rall
Andante.
sf
p
pp

S.
Le ciel sait toujours Nous rendre le printemps et les beaux jours, —
Il suffit d'atten_ _dre, d'atten_ - _dre!..
p
Tempo moderato
Tempo moderato. (100 = ♩)
pp
poco
La douce hiron_
del _le,
Au printemps fi _ dè_ - - - - -

S.
_le, Fri_leu_se s'en_fuit,
Car l'hi_ver con_
_duit Dé_jà son cor_tè_ge D'au_
cresc.
tans et de nei _ _ _ge.
dim.
Un cri de re_gret,
pp
poco.

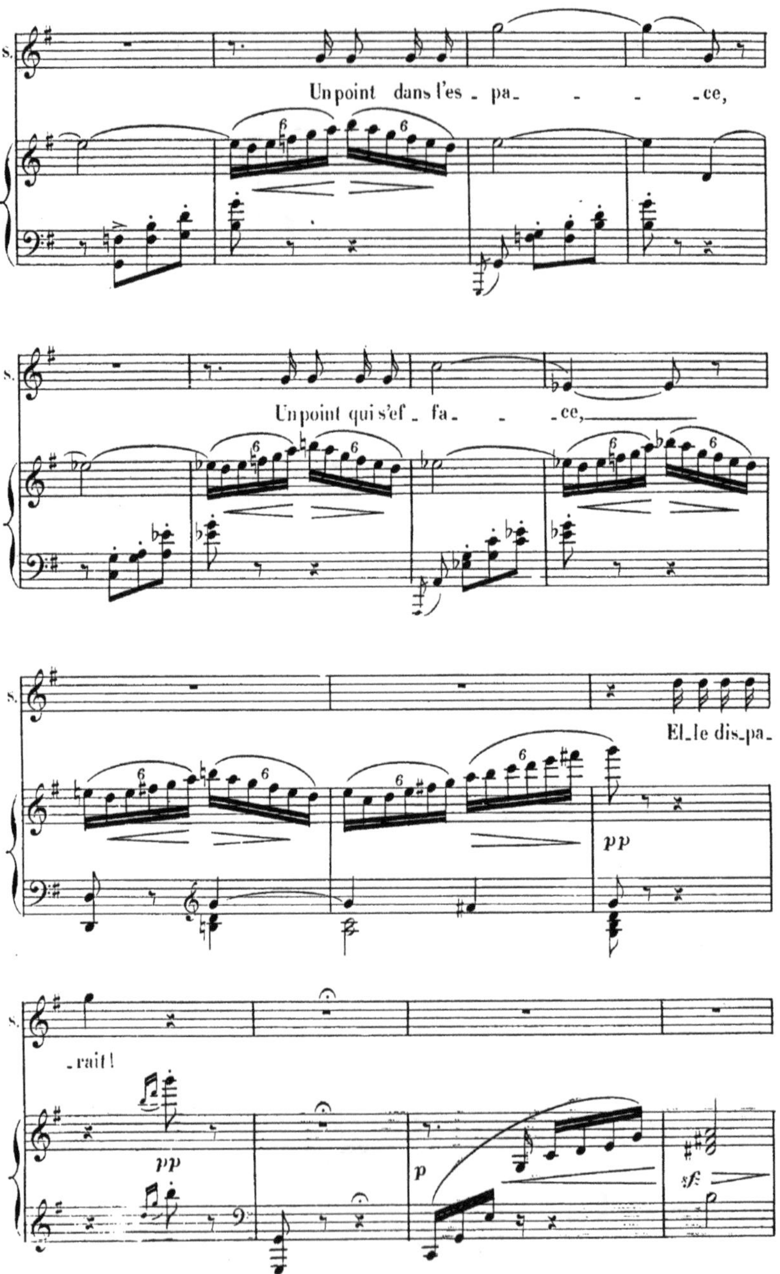
S.
Un point dans l'es _ pa_ _ _ _ ce,
6
6
S.
Un point qui s'ef _ fa_ _ _ ce,
6
6
6
6
S.
El_le dis_pa_
6
6
6
6
pp
S.
_rait!
pp
p
sf

S.
L'eau dort sous la gla_ _ce,
pp
Et le vent du nord Souf_ _ _fle dans_ l'es_
sf
_pa_ _ce,
Tout nous semble mort,
Le so_
sf
p
pp
_leil
s'en _ dort!
pp
ppp
Les 2 Ped.

S.
Un peu De ciel bleu
p
per_ _ce le nu_a_ _ge,
s'étend davan_
poco cresc.
_ta_ _ge!
Le so_leil sur_git,
par_
_tout il ray_on_ _ne,

S.
Et dans un sou _ rire il or _ don _ ne Aux fleurs nou _ vel _ les de s'ou _
sf:
Ped.
sf:
Ped.
molto rall. - - - a Tempo.
S.
_ vrir, Aux prés, aux bois, à l'a _ mour de fleu _ rir!
Plus lent. a Tempo.
suivez.
p
pp
S.
Puis c'est un bruit d'ai _ _
S.
_ le, Un lé _ ger fris _ _

S.
- son,
più f
p
dim.
pp
p
La douce hi - ron - del - - le Redit sa chan - son,
C'est un doux bruit d'ai - - le,
Un lé - ger fris - son, La douce hi - ron -

S.
d'el - le re - dit sa chan - son!
1° Tempo And^te
Il suffit d'atten - dre,
Le ciel sait tou-
rall.
p
sf
- jours Nous ren - dre le printemps et les beaux jours, —
Il suffit d'at-
pp
sf
- ten - - dre!..
f
p
Enchaînez.

N° 14.

SCÈNE ET TRIO.

Largement.
a Tempo.
S.
-reu - se...
Écoutez! Écou-
Ténors.
mf
O pa-ys, je te re - vois!
Basses.
O pa-ys, je te re - vois!
Largement.
a Tempo
-tez! j'aperçois des soldats.
Largement
a Tempo
Ils
T.
O pa-ys, entends nos voix!
B.
O pa-ys, entends nos voix!
fpp
pas-sent... ils s'en vont...
Mais l'un d'entre eux, mon
p

S.
pè - re, Se dé - ta - che...
et vers nous se di - rige à grands
più f
Allegro più f
cresc.
pas!
Bé - ni soit le jour qui nous é -
KOTSKA.
Est-ce lui?
Allegro
f
mf
cresc.
- clai - re... Ah! c'est lui!
K.
Mon Cy - ril - le! mon fils!..
sf
fp

TRIO.

et Cie
148.

S.
C.
K.
-jour bé-ni le ciel le rend, pour ja-
pour mon cœur le doux ins-tant, pour mon
-ni sois-tu Dieu qui le rends pour ja-
-mais, le rend à ma ten-dres-se! En-
cœur doux ins-tant, ô pure i-vres-se! Tout
-mais, qui le rends à ma ten-dres-se! C'est
cresc
-fin l'a-mi de ma jeu-nes-se Pour ja-
mon bon-heur et ma ten-dres-se Sont là
lui, mon fils, lui que je pres-se en-fin
cresc.
f

S.
C.
K.
pf
pp
pp
pp
_mais re_vient, il est là main _ te_nant, En_fin l'a_
pour ja_mais, oui sont là main _ te_nant, Tout mon bon_
là dans mes bras tremblants, Le ciel le
poco
_mi de ma jeu _ nes_ _ _se, Le ciel le
_heur et ma ten _ dres_ _ _se, Pour ja_
rend à ma ten _ dres_ _ _se, Viens dans mes
p
poco rall.
rend, le rend à ma ten _ dres _ se, O pure i_vres _ se, O
_mais sont là, jours de jeu_nes _ se, O pure i_vres _ se Ah!
bras que je te pres _ se, O pure i_vres _ se C'est
f
sf
mf

a Tempo
cresc
f
S.
jour bé - ni, ô pure i - vres - se, Pour ja -
C.
pour mon cœur, le doux ins - tant, Pour ja -
K.
lui, mon fils, lui que je pres - se, A ja -
a Tempo.
rall molto rall
1° Tempo
- mais, c'est lui, il est là main - te - nant!
- mais, dans vos bras je re - viens main - te - nant!
- mais, dans mes bras, dans mes bras trem - blants!
sf
p
CYRILLE.
Mon pè - re... So - ni - a, Com - me te voi - là

SONIA.
Ne le di_tes pas trop...
bel - le!
Cy_ril - le,
on vous croi_rait
Dans son re_
_gard la jeunesse é_tin_cel - le!
Mais vous? mon pè_re,
l'on dirait...
Que vous a_vez souf_fert Vous vous taisez? pour_

t Cie
B.

C
- quoi?
Si fait! j'at - tends... Di - tes moi tout!
- KOTSKA.
Ne parlons pas de moi.
f
Plus lent
K.
Eh! bien, le Comte et la Com - tes - se, Nous é - cra - sant d'im -
Plus lent
p
K.
- pôts re - nou - ve - lés sans ces - se, Ont fi - ni par nous a - me -
K.
- ner A la mi - sè - re, à la dé - tres - se, Si bien qu'un jour ne pouvant plus pay -
sf
sf

SONIA (très accentué)
(sans ralentir)
Leurs hommes sont en_trés chez nous pour nous chas_ser.
CYRILLE (très ému)
Le Comte et la Com_
K.
_er...
sf
f
ff>p
Lent
p
C.
_tes_se, a_vez-vous dit...
Quelle est cette com_tes_se?
C'est Kassy_
pp
f
Kassy_a!
_a!
Cel_le que tu pleurais en par_tant pour l'ar_
ff
p
sf

Cie
8

C.
K.
Kassy_a!
_mé e,
Croyant à son a _ mour
pour l'a_voir trop ai _
Kassya!
_mé _ e.
Au bout de quelques jours
le Comte l'épou_sa, Car el_le t'a tra_
Un peu plus lent.
(très expressif)
Trahi! Moi qui l'ai _ mais!
ad lib.
O lâ_che_té cru_
_hi!
Un peu plus lent.
suivez

Plus animé
SONIA.
Hé_las! il l'aime en_co _ re!
C.
el _ le!
Et voi_là donc pourquoi Ja _
Plus animé.
p
cresc.
S.
Hé _ las!
Il l'aime en_
_mais vous ne me parliez d'el _ le,
Mal_heur sur moi!
KOTSKA.
Oui, mon fils,
_co _ re! Hélas!
rall.
Andte sostenuto
f long. p
Malheur! malheur sur moi!
K.
Oui, mon fils, c'était pour ce _ la.
Andte sostenuto (69=♩)
f
suivez.
pp

_CYRILLE
(avec beaucoup de sentiment)
Cet_te dou_leur est trop a_mè_re, Vous au_rez pi_tié
pp
C.
n'est-ce pas?___ Laissez-moi, laissez-moi, mon pè_re, Laissez-moi pleurer dans vos
Même mouvt _SONIA
Pleu_re dans le
poco rall.
bras, pleu_rer dans vos bras!___
Même mouvt
sf
pp suivez.
sf
p
S.
sein de ton pè_re, Re_prends coura_ge dans ses bras.
_KOTSKA.
Pleu_re dans le sein de ton pè_re, Re_prends coura_ge

S.
Cet_te fem _ me, cette é _ tran _ gè - - - re, ___
K.
dans ses bras, Cet_te fem _ me, pour ja_mais
sf
S.
De ton cœur tu la chasse _ ras, ___ Cet_te fem _ me, ___ cette étran_
_CYRILLE
Laissez-moi, ___ mon pè _ re.
K.
De ton cœur tu la chasse _ ras, ___ Cet_te fem _ me, ___ cette étran_
sf
p
Même mouv!
S.
_gè _ re, De ton cœur tu la chasse _ ras! ___
C.
Laissez-moi pleu _ rer! ___ Cet _ te dou _
K.
_gè _ re, De ton cœur tu la chasse _ ras! ___
Même mouv!

S.
C.
K.
Pleu - re, pleu - re, —
-leur est trop a - mè - re, Vous aurez pi-tié, n'est-ce pas? —
Mon fils, reprends cou-
Au - près d'un pè - re qui t'ai - me,
p
Lais-sez-moi, lais-sez-moi, mon pè - re, Lais-sez-moi pleurer dans vos
-ra - ge, Pleure dans le sein — de ton pè - re,
Prends cou-ra - ge sur — son cœur, dans ses bras! —
f
bras, — pleu - rer dans vos bras! — Lais-sez-
Prends — cou - ra-ge dans ses bras! —

C.
moi, lais-sez-moi mon pè - re, Lais-sez - moi pleurer dans vos
p
pp
Même mouvt
SONIA. p
Cet - te fem - me, cette é - tran - gè - re,
C.
p
bras!
Hé -
KOTSKA. p
Cet - te fem - me, cette é - tran - gè - re,
Même mouvt
p
S.
De ton cœur tu la chas - se - ras!
C.
- las!
K.
De ton cœur tu la chas - se - ras!
pp
ff
Enchaînez.

Nº 15.

SCÈNE ET FINAL

LA RÉVOLTE _ LES FAUCHEURS.

_KOTSTA.
Les autres comme nous ont de la ty_ran _ nie, hélas!___ senti les coups!
_SONIA.
Tout le monde a peur, et per_son _ ne n'est sûr de
p
S.
conserver son bien. On pil _ le, on é_cra _ se, on rançon_ne le
più f
S.
pau - vre, on ne lui lais_se rien!___
_CYRILLE
Et le Com _ te?..
pp

_KOTSKA
Pendant que tous courbent la tê _ te, Il rit, cherchant quelque plaisir nou-
tr
p
K.
_veau; Ce soir même on donne u_ne fê _ te, U_ne grande fête au châ-
_CYRILLE (sombre)
Vous m'a _ vez ra_con_té, mon
_teau!
C.
pè _ re, Qu'autre _ fois si quelqu'un commettait un cri _ me a_bomina _ ble,

C.
Les vieillards s'assem_blaient, jugeaient, al_laient aux
voix Et quelqu'il fût, punissaient le cou_pa_ble.
_KOTSKA. (avec fermeté)
Oui, c'est vrai!
Pour frapper a_lors, qu'attendez-vous? Que vous faut-il de
plus pour vous mettre en courroux!..
K.
E_
(Cloche lointaine)

K.
_cou_te, on te ré_pond... c'est le tocsin qui son _ ne!
_SONIA.
O mon pè - re, j'ai peur, je tremble... je frisson_ne.
Moderato. (92 = ♩)
(On voit les Messagers apparaître un à un, s'appelant par des signes)
p
Ped.
poco cresc.

Ténors.
Le moment est venu.
Basses.
Le moment est venu.
Ténors.
Mar_chons, l'heure est pro _ pi - ce.
Basses.
Mar_chons, l'heure est pro _ pi - ce.
Ped.
Ped.
LES 4 MESSAGERS.
Le mot d'or _ dre?
Justi _
Justi _
Ped.

4 M.
C'est
T.
1er GROUPE.
B.
ce! Jus - ti - - - - - ce!
ce! Jus - ti - - - - - ce!
T.
2e GROUPE.
B.
Jus - ti - - - - - ce!
Jus - ti - - - - - ce!
Ped.
bien, nous, mes - sa - gers, Nous a - vons tous é -
té de vil - lage en vil - la - ge
An - noncer que ce

4 M
soir, quels que soient les dangers, On se ré-u-ni-rait pour châ-ti-er l'ou-
4 M.
-tra - - - - - ge, Et le meurtre, et le vol!
dim.
più p
Ped.
Ténors LES 2 GROUPES TUTTI
LES 2 GROUPES.
mf Oui, nous les ju-ge-rons, Et, s'il le faut, nous frappe-
Basses. Les MESSAGERS avec les Basses.
mf Oui, nous les ju-ge-rons, Et, s'il le faut, nous frappe-
sff
Ped.
Ped.
T.
f
-rons!
f
B.
-rons!
ff
f

CYRILLE (s'avançant) Récit.
Votre cause est la
KOTSKA.
Il nous faudrait un chef!
Récit.
C.
mien - ne! Si vous voulez de moi, je mar - che le pre -
- mier. Contre vos oppres - seurs Je re-trouve ma
hai - - ne, Votre cause est la mien - - ne, Je re-trouve ma

Plus animé
C.
hai - ne, Je re-viens comme un justi - cier!
Ténors.
Cy-rille!
Basses.
Cy-rille! Sois notre
Plus animé.
f
f
T.
Cy-rille! Sois notre chef! Nous te mettons à no - tre
B.
chef! Cy-rille! Sois notre chef! Nous te met -
-CYRILLE
1° Tempo. Récit
Oui! la ven-geance est prê - te!
T.
tê - te, Cyril - le, sois notre chef!
B.
-tons à no - tre tê - te, sois notre chef!
1° Tempo Récit.
p
ff

largement, ad lib
C.
Vos ar_mes?
Pour nous frap_
T.
(montrant des faux emmanchées)
Les voi _ là!
B.
Les voi _ là!
Récit
_per, les grands dres_sent des é_cha _ fauds Tout à leur ai - se,
Mesuré
marcato.
Récit
Mais nous,
Quand nous coupons l'her_be mau_vai - se,
Mesuré.

C.
C'est a - - vec le tranchant des faux!
Récit.
Mesuré.
sfz
f
C.
Al - lons, faucheurs, pre - nez vos faux! Al -
Ténors.
Al - lons, faucheurs, prenez vos
Basses.
Al - lons, faucheurs, prenez vos
sfz
C.
En élargissant.
- lons, faucheurs, pre - nez vos faux! pre - nez vos
T.
faux! Al - lons, faucheurs, pre - nez vos
B.
faux! Al - lons, faucheurs, pre - nez vos
sfz
f
suivez.

Allegro
C.
faux!
T.
faux!
B.
faux!
ff Allegro.
sfz
p
Très retenu (100 = ♩)
CYRILLE.
Mar - chez!
Fau - chez!
Très retenu.
mf
sfz
sfz
C.
Que l'her-be tom - be Sur tous les champs!
f

C.
Mar - chez!
Fau - chez!
sf
mf
sfz
Que l'her-be tom - be Sur tous les champs,
f
Et que le sang ver-sé re - tom - - - be Sur les mé -
f
- chants!
Ténors.
Marchez!
Fau - chez!
Basses.
Mar - chez!
Fau -

cresc
C.
Mar_
cresc.
T.
Que_ l'herbe tom _ be Sur tous les champs! Mar_
B.
_chez! Que l'herbe tom _ be Sur tous les champs!
f
cresc.
C.
_chez! Fau _ chez! Que_ l'herbe tom _ be Sur
T.
_chez! Fau _ chez! Que_ l'herbe tom _ be Sur
cresc
B.
Mar _ chez! Fau _ chez! Que l'herbe tom _ be Sur
sf
sf
f
C.
tous les champs. Et que le sang ver_sé re _ tom - - -
T.
tous les champs, Et que le sang ver_sé re _ tom - - -
B.
tous les champs, re - tom - - -
f
sf
f

En animant de plus en plus.
C.
-be Sur les mé-chants! Mar-chez! Fau-chez!
T.
-be Sur les mé-chants! Mar-chez! Fau-chez!
B.
-be Sur les mé-chants! Mar-chez! Fau-
En animant de plus en plus.
Mar-chez! Mar-
Marchez! Fauchez! Mar-chez! Mar-
-chez! Mar-chez! Fau-chez! Mar-chez! Mar-
-chez! Fau-chez!
-chez! Fau-chez!
-chez! Fau-chez!

KOTSKA.
Voi - ci la tem-
CYRILLE.
Eh! bien, tant
K.
-pê - te de nei - - - ge!
pp
sf
C.
mieux! Oui, c'est le ciel qui nous pro - tè - - - ge!
sf
p
C.
Nous i - rons ca - chés par la
dim.
p

C.
nei - - - ge,
El - - le ren -
C.
- dra nos pas si - len - ci - eux!
pp
dim.
pp
Ténors.
pp
Mar - chez!
Fau - chez!
Basses.
pp
Mar - chez!
Fau -
pp
T.
Que l'herbe tom - be Sur tous les champs!
B.
- chez! Que l'herbe tom - be Sur tous les champs!

Mar - chez!
Fau - chez!
Mar - chez!
Fau -
T.
B.
Que l'herbe tom - be Sur tous les champs,
Et que le
- chez! Que l'herbe tom - be Sur tous les champs,
p
dim.
En animant peu à peu.
(en s'éloignant)
sang ver - sé re - tom - - - be Sur les mé - chants!
Mar -
re - - - tom - - - be Sur les mé - chants!
En animant peu à peu
f
tr
p
mf
fp
dim.

T.
-chez!
Fau - chez!
Marchez!
B.
Mar - chez!
Fau - chez!
Mar-
Fauchez!
Mar-chez!
Mar-
-chez!
Fau-chez!
Mar-chez!
Mar-
p
dim.
pp
-chez!
Fau-chez!
-chez!
Fau-chez!
dim.
ppp
sfz

Fin du 1er Tableau du 3e Acte.

ACTE III.

2e Tableau.

UNE GRANDE SALLE DU CHÂTEAU DE ZEVALE

Tables de jeu entourées de seigneurs — Groupe d'invités et d'invitées, causant, riant et buvant

N° 16.

POLONAISE.

sf
sf
sf
sf
tr
tr
tr

Sop.
Tén.
Jouons, chantons jusqu'à l'auro_ _re,
Basses.
Jouons, chantons jusqu'à l'auro_ _re,
Ou_bli_ons, ai _ mons,
Ai _ mons,
Jouons jusqu'à l'auro _ re,
Jouons, chantons,
Jouons, chantons,

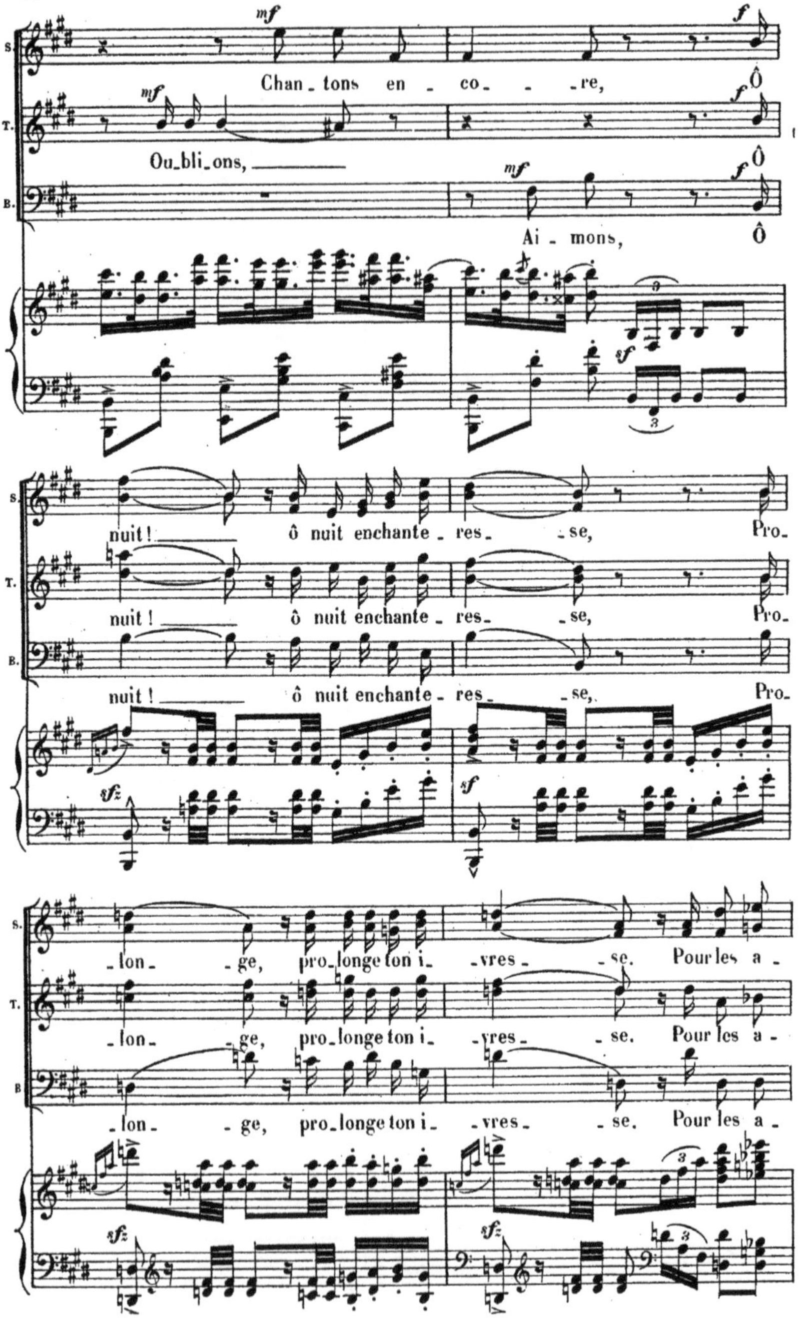

S. Chan_tons en_co_ _ _re, Ô

T. Ou_bli_ons, ______ Ô

B. Ai_mons, Ô

S. nuit! ____ ô nuit enchante_res_ _se, Pro_

T. nuit! ____ ô nuit enchante_res_ _se, Pro_

B. nuit! ____ ô nuit enchante_res_ _se, Pro_

mours, Ô nuit d'i - vres - se, Du - re tou-
mours, Ô nuit d'i - vres - se, Du - re tou-
mours, Ô nuit d'i - vres - se, Du - re tou-
KASSYA. (allumant sa cigarette)
Merci!
-jours pour les a - mours!
-jours pour les a - mours!
-jours pour les a - mours!
sfz
ff
(regardant la fumée de sa cigarette)
Dans la fu-mé - e aux re - flets bleus,
pp
Ped.

Ka.
Légère et fol - le, L'âme s'en -
Ped.
vo - le Vers d'autres cieux.
On se sou -
p bien chanté avec élégance.
p
vient par el - le,
et par el - le on ou -
p
bli - - - e...
LE COMTE.
Hé! Qu'est-ce que je vois?
pp
Ped.

le C.
Comment, ce soir, de la mé_lan_co_li_e?
Ped.
_KASSYA.
Quoique fem_ _me on peut bien ré_flé_
Ka.
_chir.... quelque_fois!
Mais c'est fi_
Ka.
_ni, par_don_nez_vous?
_LE COMTE.
Char_

le C.
-man - te, tou-jours!
Sop.
Tén.
mf
Ô nuit en-chan-te
Basses
mf
Ô nuit en-chan-te
tr
cresc.
pp
S.
T.
f
-res- -se, Du-re tou-jours, ô nuit!
B.
f
-res- -se, Du-re tou-jours, ô nuit!
f
f
Ped.
Ped

S.
T.
B.
f
Jouons, chantons, jusqu'à l'auro - re.
Jouons, chantons, jusqu'à l'auro - re.
Jouons, chantons, jusqu'à l'auro - re.
ff
mf
Ou-bli-ons, ai - mons,
Ai - mons,
sf
Jouons, chantons, jouons jusqu'à l'auro - re.
Jouons, chantons, jouons jusqu'à l'auro - re,
Jouons, chantons, jouons jusqu'à l'auro - re,

S. *mf* Chan_tons en_ co_ _ _re, *f* Ô

T. *mf* Oubli_ons, ——— *f* Ô

B. *mf* Ai_ mons, *f* Ô

sf

nuit! ——— ô nuit enchante_res_ _se, Pro_

nuit! ——— ô nuit enchante_res_ _se, Pro_

nuit! ——— ô nuit enchante_res_ _se, Pro_

sf

S.
_mours, ___ Ô nuit d'i _ vres _ se, Du _ _re tou_
T.
_mours, ___ Ô nuit d'i _ vres _ se, Du _ _re tou_
B.
_mours, ___ Ô nuit d'i _ vres _ se, Du _ _re tou_
6
sf
_KASSYA
ad lib
Allons!
S
_jours ___ Pour les a _ mours!
T.
_jours ___ Pour les a _ mours!
B.
_jours ___ Pour les a _ mours!
Récit.
sf
ff
Mesuré.
Ka.
versez! mes échan_sons. ___ Que l'on danse et qu'on
Mesuré.
léger.
mf
p

Même mouvt (La noire
chan_ _te! ___
Soit!
_LE COMTE.
Mais d'abord les chan_ _sons.
Même mouvt (La noire
mf
p
fp
à la même valeur)
ad lib.
les chansons,
d'abord ___ les chan_
à la même valeur)
Récit.
_sons! C'est dit! je vous o_bé_ _is mes seigneurs! Ré_pé_tons pour vous
fp
Récit.
plai_re Un vieux chant popu_lai_re De nos pa_ys! ___
Enchaînez.

Nº 17.

DUMKA.

Andante.
p
KASSYA.
Quel est au fond du cœur Ce tourment plein de charmes
SOPRANOS.
SEIGNEURS ET DAMES.
TÉNORS.
BASSES.
Andante. (68= ♩)
PIANO.
p
Qui fait ver - ser des lar - mes Com - me la dou - leur? ah!
Allegro.
p
C'est l'amour, c'est aus - si l'a - mour qui fait rire et chan - ter!..
Allegro. (68= ♩.)
p

Ka.
Tour à tour, c'est l'a_
Sop.
C'est l'amour, un mar_tyre, un sou_ri_re Tour à tour, c'est l'a_
Tén.
C'est l'amour, un mar_tyre. un sou_ri_re Tour à tour, c'est l'a_
Basses.
C'est l'amour, l'a_ _mour! Tour à tour, l'a_
Andante.
_mour! Qui fait plus doux les cieux, Plus dou_ce
S.
_mour!
T.
_mour!
B.
_mour!
Andante.

più f
dim.
Ka
la_ lumiè_re, Plus ri_che, la chaumiè_re Et l'oiseau plus joy_
dim
mf
p
Allegro.
_eux? ah! C'est l'amour, c'est aus_si l'a_mour qui fait rire et chan_
Allegro.
_ter!
Sop.
C'est l'amour, un mar_tyre, un souri_re
Tén.
C'est l'amour, un mar_tyre, un souri_re
Basses.
C'est l'amour, l'a_ _mour

Andante.
pp
Tour à tour, c'est l'a_mour! Que regret_te La fil_let_te?..
Tour à tour, c'est l'a_mour!
Tour à tour, c'est l'a_mour!
Tour à tour, l'a - mour!
Andante.
p
pp
più f
Que regret_te La fil_let_te?.. Et pourquoi ce pauvre garçon Na-
più f
pp
dol.
-t-il plus sa chan - son? ah!
p Allegro
C'est qu'hélas, un beau jour Dé_laissé,
Allegro.
p

Andante.
tout là-bas a fui l'a_mour!.. Ne revien_dra-t-il pas?
Écoute bien Je crois qu'il vient C'est lui qui vient!..
Allegro.
Ah
Sop.
C'est l'amour, fê_tez son retour, Mais tenez-le bien!
Tén.
C'est l'amour, fê_tez son retour, Mais tenez-le bien!
Basses
C'est l'amour, fê_tez son retour, Mais tenez-le bien!
Enchaî

APRÈS LA DUMKA

Moderato.
KASSYA Récit
La dan_se mainte_
grâ_ce!
Moderato.
Récit
Allegretto.
_nant, la dan_se mainte_nant!
Al_lons, Bohé_
_miens, Tzi_ga_nes, prenez pla_ce!
Sop.
Al_
Tén.
Al_lons,
Basses.
Al_lons,

S.
T.
B.
_lons,
Bohé_miens, al _ lons, Tzi _ ga_ _nes, prenez
Bohemiens,
al _ lons, Tzi _ ga_ _nes, prenez
Bohémiens,
allons, prenez
cresc.
f
_KASSYA
f
chantez!
_LE COMTE.
f
chantez!
f
pla_ _ce!
chantez!
f
pla_ _ce!
chantez!
f
pla_ _ce!
chan _ tez!
sf

Ka
Dan_sez!
le
C.
Dan_sez!
S.
Dan_sez!
T.
Dan_sez!
B.
Dan - sez!
sfz
p
f
ad lib.
p
expressif.
tr
rall.
f
sf
ff
ff
Attaquez
le Ballet.

Nº 18.

BALLET

A. OBERTAS.

ff
mf
cresc.
sf
f
tr
sfz
cresc.
sf
tr

f
tr
tr
tr
tr
tr
tr
Vns
ff
ff
f
dim.
p

Plus lent
p
un poco rit.
p
p
a Tempo.
mf
un poco rit.

a Tempo.
f
f
p

p
ritenuto.
1º Tempo.
p
cre-
scen
do
poco
a
poco
sf

ff
a Tempo.
poco allarg.

B DANSE RUTHÈNE.

C. SUMKA

le chant très accentué et en dehors
V!! solo.
Andante (50=♩)
p
sf
assez rudement arpégé
dim.
Un peu plus animé.
più f
expressif
p
cresc.
f
encore plus expressif.
cresc.

sf
f
fp
1º Tempo and.te
dim.
e
rall.
sf
p
Ped.
6
fp
ad lib.
8
rall

D TRÉPAK

mf
f
p
f
p
mf
p
f
p
p
mf
cresc.
f
p

cre _ _scen _ _do.

cresc.
f
mf
f
sf
mf
cresc.
f
f
cresc.
8
8
sf
p
dim.
sf.
mf
p

Plus animé
p
sf
mf
tr
f
sf
ff

mf
cresc.
f
p
f
cresc.
sempre
cresc.
ff
p
8
ff

Fin du Billet

Nº 19.

FINAL,

LE JUGEMENT

Même mouv! (Un peu plus lent qu'au final du tableau précédent) p
S.
- vous?
Entendez - vous?
T.
Mar_ chez,
Fau_ chez,
Que l'herbe
B.
Mar_ chez,
Fau _ chez, Que l'herbe
Même mouv! (Un peu plus lent qu'au final du tableau précédent)
pp
fp
C'est comme un chant de guer_ _ re...
tom_ be sur tous les champs!
tom_ be sur tous les champs!
Vivace. (Le double plus vite)
KASSYA.
Arriè_ _ re!
J'en_ tends le bruit du
Vivace. (Le double plus vite)

Ka.
vent dans la fo - rêt, chan_tons!
mf
Ka.
dan_sons!
Sop.
f
DAMES. ET SEIGNEURS.
Chan_tons!
Ténors.
Chan_tons!
Basses.
Chan_tons!
sfz
mf
Le double plus lent.
Ténors.
p
PAYSANS. Mar - chez, Fau -
Basses. (un peu plus rapproché)
Mar - chez,
Le double plus lent.
pp
ppp

Sop. _ DAMES. (effrayées)
C'est comme un chant de guer _ re
T.
_ chez, Que l'her _ be
B.
Fau _ _ chez, Que l'her _ be
pp
S.
qui grandit! qui gran_dit! Entendez-
T.
tom_ _ be sur tous les champs!
B.
tom_ _ be sur tous les champs!
All° vivace (Le double plus vite)
_ KOLENATI. (au Comte à demi voix)
Mousei_gneur!
_ LE COMTE.
Que veux-
S.
_ vous?
All° vivace.
sf
f p

_KOLENATI.

Les pa_y_

le C.

_tu, vi_sa_ge de cor_beau?

sf

Ko.

_sans sont là, me_na_çant le châ_

sf

Ko.

_teau, Ils de_man_ _dent ven_gean_ _ce!

_LE COMTE.

Bon! nous les re_ce_vrons, Et nous leur mon_tre_rons com_

Ténors.

_PAYSANS. (plus rapprochés) Fau_chez, (encore plus rapprochés) Et

Basses.

Mar_chez, Fau_chez,

p

le C.
_ment il faut trai_ter u_ne pareille en_gean_ _ce!
E_tes-vous prêts?
Au rem_part mainte_nant,
T.
que le sang ver_sé re_tom_ _ _be Sur
les mé_chants!
Tén. _ SEIGNEURS.
Oui, nous le sommes tous!
B.
Re_ _ _ _tom_ _ _ _be Sur
les mé_chants!
Basses.
Oui, nous le sommes tous!

le C.
au rem_part! ___
Sop. _DAMES.
Que le ciel ait pi_tié ___ de
Au rem_part! ___
S.
nous!
Que le
Ténors.
Au rem_part! ___
_SEIGNEURS.
Basses.
Au rem_part! ___
_KOLENATI.
Récit.
Il est trop tard!..
S
ciel ___ ait pi_tié de nous!

Allegro.
Ténors.
PAYSANS.
PAYSANS. (on brise les portes) (Entrée furieuse des paysans)
Basses.
Allegro.
LE COMTE.
Lâches! lâches!
T.
B.
Même mouv!
A sac! à sac! le sang! l'ivres_se!
Même mouv!

LE COMTE.
Lâ - ches, tren - te contre
T.
PAYSANS.
B.
A mort le Comte et la Com - tes - se!
A mort le Comte et la Com - tes - se!
très détaché et marqué
le C.
un!
f
A sac! à sac! le sang! l'ivres - se!
A sac! à sac! le sang! l'ivres - se!
8
ff
le C.
Lâ - ches!
A mort le Comte et la Com - tes - se!
A mort le Comte et la Com - tes - se!

1r
C.
lâ_ _ches!
T.
PAYSANS.
B.
La loi ______ les a frap_pés!
La loi ______ les a frap_
8
_pés!
La loi ______ les a frap_pés!
La loi ______ les a frap_
A mort!
A mort!
A mort!
A mort!
_pés! A mort!
A mort!
A mort!
A mort!
sf:

PAYSANS.
T.
B.
La loi les a frap - pés! La
La loi les a frap - pés! La mort!
mf
f
8
mort! La mort! La mort! La mort!
La mort! La mort! La mort!
la mort!
la mort!
3

Même mouvt (Une mesure en vaut deux des précédentes)
_KASSYA.
Vous parlez de la loi! vous! des bandits!
Même mouvt (Une mesure en vaut deux des précédentes)
fp
f
Ka.
des bandits et des traî_tres! Qui de vous lè_ve_
Ténors.
_PAYSANS.
PAYSANS.
A mort! à mort!
Basses.
A mort! à mort!
p
Ka.
_ra sa main con_tre ses
Ka.
maî_ _ _tres? Qui de vous o_se_ra par_ler?
(personne ne bouge)
ff en élargissant un peu.

Plus lent
Ka.
Cyril - le!
— CYRILLE. (paraissant)
rall.
Moi!
Oui... Cy - ril - - le!
rall. Plus lent.
f
f
sf
p
(à demi-voix)
1º Tempo allº
Ka.
C'est bien... Je ne résiste plus! —
— LE COMTE
Ce misé -
1º Tempo allº
pp
poco cresc.
le C.
- ra - ble! Lui! — maître de mon sort! —
Ténors.
f
f
PAYSANS.
— PAYSANS.
A mort!
Qu'ils meurent!
Basses.
f
f
A mort!
Qu'ils meurent!
sf
più f
cresc.
sf

CYRILLE
Arrêtez!
T.
PAYSANS.
B.
f
La mort!
f
Résistance i_nu_ti_ _le!
f
p
cresc.
f
Ré_sistance i_nu_ti_ _le! Ils sont à
Ré_sistance i_nu_ti_ _le! Ils sont à
Andante.
nous, ils sont per_dus. La mort! pour eux la mort!
f
nous, ils sont per_dus. La mort! pour eux la mort!
f
Andante.

_CYRILLE. (faisant un grand geste)
Largement.
Souvenez-vous!..
Vous surtout, les vieil_lards,
Largement.
p
p
C.
de_vant qui l'on s'in_cli_ _ _ne,
Souvenez-vous qu'un
p
pp
jour vous m'avez dit: «Nous tous, nous pre_nons à témoin
la majes_té di_
sf
poco rall.
a Tempo.
_vi _ ne Que ton premier dé_sir se_ra sa_cré pour nous!»
dim.
pp
sf
p
poco rall.
p
a Tempo.

C.
Je demande leur
Basses. _ PAYSANS. (LES VIEILLARDS)
Oui, __ nous nous souve_nous! __
pp
pp
p
C.
grâ_ - _ce!
Allegro.
Tenors.
f
Jamais! jamais!
_ PAYSANS.
PAYSANS.
Basses.
f
Jamais! jamais! Il
Allegro.
f
f
T.
PAYSANS.
B.
Il faut que jus_ti_ce se fasse! Jamais! jamais!
faut que jus_ti_ce se fas_se! jus_ti_ _ce! Jamais! jamais!

_KOTSKA.
And^te 1° Tempo.
Tu le veux?
T.
jamais!
B.
jamais!
And^te 1° Tempo.
_KASSYA
Que dit-il?
_CYRILLE.
Je le veux!
le V.
Soit!
Sop. _SEIGNEURS ET DAMES.
SEIGNEURS ET DAMES.
Que dit-il?
Tén.
KOLÉNATI. avec les Tén.
Que dit-il?
Basses.
Que dit-il?
Tén. _PAYSANS.
PAYSANS.
Que dit-il?
Basses.
Que dit-il?

le V.
Ju - re que de - main___ Tous les deux de l'exil Auront pris ___ le che-
p
CYRILLE.
Je le ju - - - re!
Je le
LE COMTE.
Par - dieu! les drôles me font ri - re.
le V.
- min.___
fp
mf
C.
ju - - - - re!
(On l'entoure, on le retient)
le C.
Mourons! ___ mou - rons, ___ ce - la vaut mieux!

KASSYA (bas, à Cyrille)
E-cou-te-moi...
Il faut que je te par-le à toi seul..
p
CYRILLE.
Et pourquoi?
Je vous sau - ve
sf
f
(animé)
C.
et je n'ai rien de plus à vous di - - - re.
Même mouv!
Ten. PAYSANS.
PAYSANS.
A sac! le sang! l'ivres - - - - - se!
Basses.
ff
sf

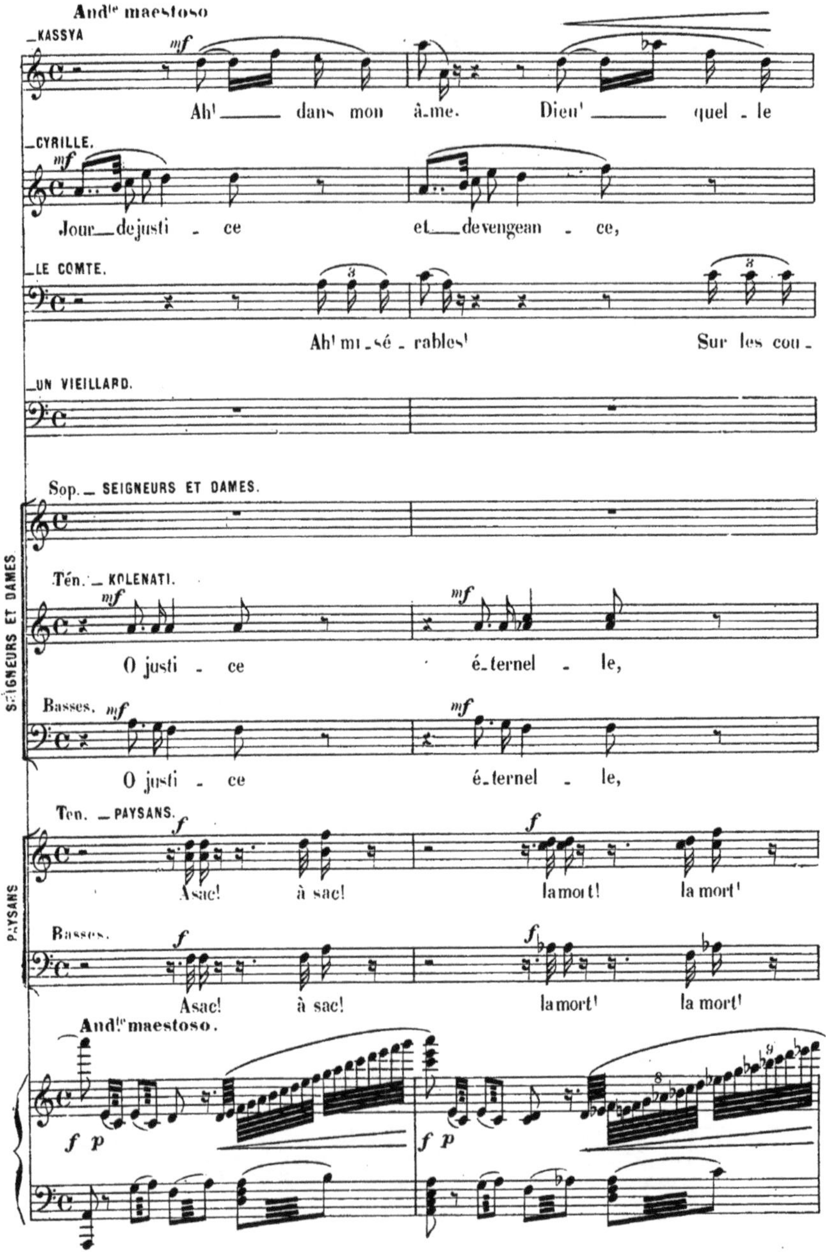
And^te maestoso
KASSYA
Ah! dans mon âme. Dieu! quel - le
CYRILLE.
Jour de justi - ce et de vengean - ce,
LE COMTE.
Ah! mi - sé - rables! Sur les cou -
UN VIEILLARD.
Sop. SEIGNEURS ET DAMES.
Tén. KOLENATI.
O justi - ce é - ternel - le,
Basses.
O justi - ce é - ternel - le,
SEIGNEURS ET DAMES
Ten. PAYSANS.
A sac! à sac! la mort! la mort!
Basses.
A sac! à sac! la mort! la mort!
PAYSANS
And^te maestoso.

Ka.
flamme brû - - - le en - - - co - re!
C.
en - fin tu luis!
Que l'herbe tom - be sur
le C.
- pa - bles
Je veux frap - per! Oui je sau -
le V.
O clé - men - ce,
par ta puissan - ce, tu
SEIGNEURS ET DAMES.
S.
T.
mf
Ven - ge-nous!
Que cha - cun tom - be bra -
B.
Ven - ge-nous!
Que cha - cun tom - be bra -
PAYSANS.
T.
Le sang! l'i - vres - se!
Que l'herbe tom - be sur
B.
Le sang! l'i - vres - se!
Que l'herbe tom - be sur
f p

Ka.
A ses accents,
Mon cœur, hé - las! tremble et suc -
C.
tous les champs!
Et que le sang ver - sé re -
le C.
- rai me venger!
Tou - jours le sang ver - sé re -
le V.
les dé - fends!
Que l'on par -
SEIGNEURS ET DAMES.
S.
Tou - jours le sang ver - sé re -
T.
- vant leurs coups!
Tou - jours le sang ver - sé re -
B
- vant leurs coups!
re -
PAYSANS.
T.
tous les champs!
Tou - jours le sang ver - sé re -
B.
tous les champs!
re -

All° (4 mesures pour 1 des précédentes)
Ka.
-com - - - - - - - be à ses ac - cents!
C.
-tom - - - - - - - be sur les mé - chants!
le C.
-tom - - - - - - - be sur les mé - chants Mourons!
le V.
-don - - - - - - - ne à ces mé - chants! Pour eux!
SEIGNEURS ET DAMES.
S.
-tom - - - - - - - be sur les mé - chants!
T.
-tom - - - - - - - be sur les mé - chants! Mourons!
B.
-tom - - - - - - - be sur les mé - chants! Mourons!
PAYSANS.
T.
-tom - - - - - - - be sur les mé - chants! A sac!
B.
-tom - - - - - - - be sur les mé - chants! A sac!
All° (4 mesures pour 1 des précédentes)
ff
fff

Ka.
Hé _ las!
C.
Al _ lons!
le C.
mourons! debout! bravant le sort!
le V.
poureux! non! point de mort!
SEIGNEURS ET DAMES.
S.
Hé _ las!
T.
mourons debout! bravant le sort!
B.
mourons debout! bravant le sort!
PAYSANS.
T.
à sac! le sang! l'ivresse! la mort!
B.
à sac! le sang! l'ivresse! la mort!

Kn.
C.
le C.
le V.
S.
T.
B.
SEIGNEURS ET DAMES.
T.
B.
PAYSANS.
3
Fin du 3e Acte

ACTE IV

LA CABANE DE KOTSKA.

N° 20
SCÈNE et MÉLODIE.

SONIA.
On dit quil va partir, S'en re-tourner là-bas,
S.
Reprendre du ser-vi-ce
KOTSKA. (sur le même ton)
Tu crois à ce dé-part?
Ped.
Ped.
S.
Oui, je crois qu'il veut fuir Cel-le qui l'a tant fait souf frir, Et qu'il ai-me toujours, encor qu'il la mau-
K.
S.

S.
dis - - - se!
Oui,
KOTSKA. (de même)
Tu crois vraiment qu'il l'ai - me?
p
sf
S.
pè - - re, je le crois.
KOTSKA (à part)
Pauvre en-
expressif.
sf
p
Ped.
K.
fant,
elle i - gno - re Qu'elle est ai - mé - e,
Ped.
et ne sait rien en - co - - - re...
dim.
p
dim.

Un peu plus animé. (Cyrille entre Il embrasse son père)

C.
-ra.
—KOTSKA, (avec intention)
Se-rai - Je moins à plain-dre, Si tu pars — me laissant
p
SONIA, (vivement)
Ah! quant à ce-la!..
C.
Qu'allais-tu di - re, So-ni-a?
K.
seul?..
f
mf p
—SONIA.
espressivo.
J'allais di - re, Cy - ril-le, Qu'il ne se-ra pas seul. — tu peux ê-tre tran-

Andante (72=♩)
S.
-quil - le. Quand tu se-ras par-ti, quand tu se-ras par-ti,
p
Andante.
p
S.
Je res-te-rai près de ton pè - re, Soumi - se, at-ten-
S.
poco rit. a Tempo.
-ti - ve, et j'es-pè - - re Pouvoir te répondre de lui,
suivez.
a Tempo.
S.
rall. - - a Tempo.
Quand tu se-ras par-ti, quand tu se-ras par - ti!
p
rall. - - a Tempo.

S.
Je veux, pro-té-geant sa vieil - les - - - se. Es - say -
p
- er, malgré ma fai - bles - se, D'ê-tre son gui - de, son ap -
- pui. Un tel de - voir me rend joy - eu - se, Et je vi -
pp
poco cresc.
rall. - - -
(avec des sanglots contenus)
- vrai tranquil - le, heu - reu - - - se, Quand tu se-ras par-ti.
suivez
pp
p

S.
Quand tu se_ras par_ _ti!
p
CYRILLE.
Même mouvt
(avec émotion)
Bon petit cœur qu'il faut bé_
Même mouvt
mf
mf
C.
_nir!
Mais, quelles craintes sont les
C.
vô_tres, Et qui donc vous a dit que je vou_lais par
p

SONIA.
Toi mê - me tu l'as dit.
C.
- tir?
Oui,
mf
p
poco rall.
- mais comme les au - tres N'ai-je pas le droit - de changer d'a -
suivez. p
Allegro. (le double plus vite)
SONIA.
Cy - ril - - le!
C.
- vis?
Soni -
KOTSKA.
Mon Cy - ril - - le, mon fils!
Allegro. (le double plus vite)
mf
cresc.

S.
Ah!
C.
- a!
Soni - a!
K.
Cy - ril - - le! o mon fils!
Andante
Andante.
KASSYA (entrant)
(à Cyrille)
Tu m'attendais, c'est bien! -

And^te con moto. (1º Tempo)
— CYRILLE (à son père, montrant Sonia)
Emmenez-la, mon pè - re Vous mê -
And^te con moto. (1º Tempo)
- me dites-lui ce que je compte fai-re!
— SONIA. (avec effroi)
Cette fem - - me!
— CYRILLE
(avec beaucoup de douceur)
Va! ne crains rien
Ped.
Ped.

Enchaînez

N° 21

DUO.

— KASSYA, CYRILLE —

C.
-er? Al - lez-vous a-vec un sou-
mf
p
-ri - re, Fai-re signe aux soldats qui doi - vent m'entraî-
f
suivez.
KASSYA.
Même mouvt p (à demi-voix)
Cy-ril - le,
-ner?
a Tempo.
Même mouvt
pp
K.
je t'en pri - e! Ce piè - ge, cet en-rô-le-

(avec force) *f*
Ka.
-ment... Ces soldats qui t'ont pris... ce n'est pas
più *f*
poco crescendo
p
moi! Sur ma vi - e, Cy - ril - le,
CYRILLE. *f*
Vraiment!
p
sur ma vi - e, ce n'est pas moi!
Même mouvt
mf
C.
Ce n'est pas
toi non plus, âme fausse et traî-tres - - - se, Toi qui fer-

C.
_mant l'oreille à mes cris é_per_dus T'es vendue au sei_
sf
p
_gneur pour de_ve_nir com_tes_ _se! Cette fem_me sans
sf
en élargissant. a Tempo.
foi, Ce n'est pas toi?
f
ff
Même mouvt
KASSYA.
p
Oui, Je fus cou_pable et cruel_ _le Et tu cherche_
Même mouvt
p

Ka.
-rais vai-nement Un ou - trage assez fort pour cel - le Qui t'a tra -
-hi si lâ-che - ment! Et je t'ai - mais pourtant, ô mon â - me, ma vi - e!
cresc.
fp
sfz p
sf
Et toi seul pourrais par-don - ner, Toi que mal - gré mon in - fa -
sf mf
- mi - e Je n'ai ja - mais cessé d'ai - mer!
p ad lib. à Tempo.
a Tempo.
suivez.
p mf f

Allegro (le double plus vite)
Ka.
sfz
Je t'ai -
CYRILLE.
Crois-tu donc que j'ou-bli - e tes crimes, tes for-faits?
f Allegro.
f>pp
f
poco rall.
a Tempo.
p
- mais! Je t'ai - mais!
C.
Toi qui brisas ma vi - e, sans remords ni re -
a Tempo
pp
suivez.
fp
f
sfz
p
poco rall.
a Tempo.
Je t'ai - mais et je t'aime en - co - re, Et tu
- grets!
a Tempo.
f>pp
pp
suivez.
p

Ka.
m'ai - - - mes aus - - si!
Non,
C.
Tu mens!
Ka.
je ne mens pas, je t'a - do - re, et toi...
C.
Ne par-le
C.
plus, tais-toi!
Je te défends....
cresc.
C.
Moi t'ai-mer!
ff

KASSYA
Mon Cy-
C.
Je te hais!...
fp
p
Ka.
-ril - - le, tu m'ai - - mes!
Tu
m'ai - - - mes! Bien plus que tes pa - ro - les
mê - - - mes,
J'en crois le trou-ble de ta

Ka.
voix. Tu m'ai - mes, je le sais, tu
Ka.
m'ai - mes, je le vois!
_CYRILLE (faiblissant)
Le mal que tu m'as fait, puis - je le pardon - ner?
p
_KASSYA
Le mal qu'on a souf - fert n'em - pê - che pas d'ai -
p

Andante. (50 = ♩.)
Ka.
mer!
CYRILLE, (très expressif)
A ses lar - mes, à son sou - ri - re, Je
Andante.
C.
trem - ble, j'ai peur de cé - der! C'est donc
poco rit.
a Tempo.
vrai que l'on peut mau - di - re Et que l'ob - jet mau -
suivez.
a Tempo.
KASSYA.
a Tempo.
A mes larmes, à mon sou -
poco rall.
dit on le peut a - do - rer!
suivez.
a Tempo.

Ka.
_ ri _ re Ne cherche pas à ré_sis_ter,
C.
C'est donc vrai _ que l'on peut mau_
Ka.
A mes lar_mes ne cherche pas à ré_sis_ter, C'est en_vain
C.
_di _ re, C'est donc vrai qu'on peut mau_di _ _ re
più f
Ka.
que tu veux mau_di _ _ _ _ _ re,
C.
Et que l'ob_jet mau_ _

Ka.
L'a_mour est le par_don, et tu vas pardon_ner,
C.
_dit, hé_las! on le peut a_do_
p
p
poco rall.
a Tempo.
Ka.
Oui, l'amour, c'est le par_don!
C.
_rer! A ses lar_mes, à son sou_
poco rall.
a Tempo.
Ka.
A mes lar_mes, à mon sou_ri_re
C.
_ri_re, Je trem_ble, j'ai peur de cé_
poco cresc.

Ka.
Je le sens, tu ne peux ré-sis-ter au sou-ri-re plus qu'aux
C.
-der! A son sou-ri-re plus en-
più f
Ka.
lar-mes, je le vois, tu vas cé-
dim. e poco rit
p
C.
-cor qu'à ses lar-mes j'ai peur de cé-
f
sf
dim. e poco rit.
a Tempo.
Ka.
-der! Oui, l'a-mour c'est le par-
C.
-der! C'est donc vrai, l'ob-jet mau-
a Tempo.
pp
m.g.

pp
Ka.
-don, et tu vas par-don-ner!
C.
-dit on le peut a-do-rer!
pp
8
Allegro.
(se dégageant brusquement)
Non! non!
Allegro.
f
Cy-ril-le! je t'en pri-e!
ne par-le plus!
mf
fp

C.
Non! non je n'écou - te plus
rien! Cé - der serait une in - fa - mi - e! La
mort plutôt...
KASSYA.
La mort! je le veux bien!
Un peu plus lent.
sec.
Ka.
Je le veux bien!...
Tu le veux bien?...

(84=♩)
Un peu moins vite._KASSYA.
p
Mais___ ne l'appel_le pas trop vi _ _ te,
Un peu moins vite
pp
pp
Ka.
Ne l'appel_le pas trop vi _ _ te,___ Lais _ se -
Ka.
nous___ le temps d'être heu _ reux!___
pp
Ka.
Ai _ mons - nous d'abord,___ Ai _ mons-
pp

Ka.
nous, et qu'en sui - te la mort nous frappe tous les
deux!
(avec élan)
Moderato (sans lenteur)
une mesure pour deux des précédentes.
Qu'el - le vien - ne, moi je l'im-
Moderato (84 = ♩)
fp
cresc.
f p
f
- plo - re, D'a - van - ce je bé - nis le jour Où nous mour-
mf
- rons jeu - nes en - co - re Comme doivent mou - rir tous les hé - ros d'a -
en élargissant.
en élargissant.
fp
f
ff
suivez.
ff

a Tempo più animato
Ka.
_mour! Mon â _ me, ma chère â _ me!
C.
Kassya! Kassy _ a!
f a Tempo più animato.
Ka.
Ai_mons nous, ô mon
C.
Tais-toi, je n'écou_te plus rien!
f>p
Ka.
â _ _ me! Ai_mons nous et qu'en_
C.
En t'écoutant c'est moi qui suis in _ fâ _ me!
f>p

Ka.
_sui _ _ te la mort,___ la mort nous frappe tous les
C.
Tais-toi!
f
ff
en élargissant.
1º Tempo.
Ka.
deux! Qu'el_le vien _ ne, moi je l'im_plo _ _ re, Da_
C.
Kassya!
Moi, je l'implo_re
en élargissant.
1º Tempo.
f>mf
Ka.
_van _ _ _ ce je bé_nis le jour___ Où nous mour_
C.
Je___ te fuis_ ô tris_te jour___
sf

Ka.
_rons _______ jeu _ nes en _ co - - - re Com_me doi_vent mou_
C.
Ah! dis_pa_rais toi que j'abhor_re
cresc.
en élargissant
Molto animato.
Ka.
_rir tous les hé _ ros d'a _ mour! _______
C.
Fuis, ô rê _ ve d'a _ mour! _______
en élargissant
f
suivez.
ff Molto animato.
_KASSYA.
Récit.
(entraînant Cyrille)
Viens! partons!
Récit.
Enchaînez.

Nº 22.

FINAL.

CHOEUR DE NOCES

Ka.
Quels sont ces chants?
C.
Ciel!
S.
_neur de la fi_an_cé_e, Jetons les roses, les jasmins, La vi_o_
T.
_neur de la fi_an_cé_e, Jetons les ro_ _ses, La vi_o_
B.
_neur de la fi_an_cé_e, Jetons les ro_ _ses, La vi_o_
S.
sur les chemins, La vi_o_
T.
sur les chemins, La vi_o_
B.
sur les chemins, Ro_ _se et vi_o_

Ka.
C.
S.
-let-te, la pensé - e, Je - tons des fleurs sur les che - mins, ___ Jetons des
T.
-let - - te, ___ Je - tons des fleurs sur les che - mins, ___ Jetons des
B.
-let - - te, Jetons, a - mis, des fleurs sur les che - mins, Semons de fleurs les
S.
-let - - te,
p
Jetons des
T.
-let - - te,
p
Jetons des
B.
-let - - te,
p
Semons de fleurs les

poco rall
a Tempo Récit
CYRILLE
Qu'allais-je fai - re? et quel dé-
S.
fleurs sur les che - mins.
T.
fleurs sur les che - mins.
B.
doux ___ che - mins.
S.
fleurs sur les che - mins.
T.
fleurs sur les che - mins.
B.
doux ___ che - mins.
poco rall
a Tempo Récit
p
C.
- li - - re s'é- tait donc ___ em-pa-ré de moi!
f

KASSYA
Que veulent di _ re ces chants, ces bruits confus?
p
dim.
Ka.
Regarde - moi, Cyril _ le!
mf
Moderato.
Moderato
p
Allegro.
(Cyrille détourne la tête)
mf
KASSYA. (jetant un cri)
Ah! tu ne m'ai_mes
f

Cie
B. 8.

Plus lent.
(d'une voix émue)
Ka.
plus!... tu n'as pas vou_lu croi_re... et je t'aimais.. pour_
Plus lent.
fp
pp
fpp
f très expressif.
elle se frappe d'un poignard.
Lent.
pp
_tant.... à mon a_mour.... Croiras-tu, main_te_
ff
suivez.
(Kotska et Sonia ont paru)
_nant?...
Modto (sans lenteur) (Mouvt du 1er Acte)
p
(d'une voix mourante et entrecoupée par l'agonie)
(s'adressant à Sonia)
Te sou_vient - il

Ka.
de cet_te bo_hé _ mien - - -
Ka.
_ ne
Qui lut notre a _ ve _ nir
Ka.
dans ta main,
dans la mien _ ne?
Ka.
El _ le m'avait pro _ mis à

Ka.
moi les gran_deurs. Et je meurs Com_
Ka.
tes _ _se! El_ _le t'avait pro_
poco rall.
Ka.
_mis à toi le bon_heur...
poco rall.
pp
a Tempo. _SONIA (répétant)
Le bon_heur!
Kä.
Le des_
a Tempo.
pp
poco cresc.

(Baudon Gr.) Paris, Imp. F. DUPRÉ, rue du Delta, 26.

Lightning Source UK Ltd.
Milton Keynes UK
UKHW011540020119
334817UK00008B/379/P